UM LUGAR
CHAMADO EU

Uma jornada de reconexão interior

Editora Appris Ltda.
1.ª Edição - Copyright© 2025 do autor
Direitos de Edição Reservados à Editora Appris Ltda.

Nenhuma parte desta obra poderá ser utilizada indevidamente, sem estar de acordo com a Lei nº 9.610/98. Se incorreções forem encontradas, serão de exclusiva responsabilidade de seus organizadores. Foi realizado o Depósito Legal na Fundação Biblioteca Nacional, de acordo com as Leis nos 10.994, de 14/12/2004, e 12.192, de 14/01/2010.

Catalogação na Fonte
Elaborado por: Dayanne Leal Souza
Bibliotecária CRB 9/2162

F363u
2025
	Fernandes, Frederico Henrique M.
	    Um lugar chamado eu: uma jornada de reconexão interior / Frederico Henrique M. Fernandes. – 1. ed. – Curitiba: Appris, 2025.
	    222 p. ; 23 cm.
	
	    ISBN 978-65-250-7713-0
	
	    1. Autodescoberta. 2. Vulnerabilidade. 3. Crescimento. 4. Coragem. 5. Reflexão. 6. Liberdade. 7. Transformação pessoal. I. Fernandes, Frederico Henrique M. II. Título.
	                                                                                   CDD – 158.1

Editora e Livraria Appris Ltda.
Av. Manoel Ribas, 2265 – Mercês
Curitiba/PR – CEP: 80810-002
Tel. (41) 3156 - 4731
www.editoraappris.com.br

Printed in Brazil
Impresso no Brasil

Frederico Henrique M. Fernandes

UM LUGAR CHAMADO EU

Uma jornada de reconexão interior

Curitiba, PR
2025

FICHA TÉCNICA

EDITORIAL	Augusto V. de A. Coelho
	Sara C. de Andrade Coelho
COMITÊ EDITORIAL	Ana El Achkar (Universo/RJ)
	Andréa Barbosa Gouveia (UFPR)
	Jacques de Lima Ferreira (UNOESC)
	Marília Andrade Torales Campos (UFPR)
	Patrícia L. Torres (PUCPR)
	Roberta Ecleide Kelly (NEPE)
	Toni Reis (UP)
CONSULTORES	Luiz Carlos Oliveira
	Maria Tereza R. Pahl
	Marli C. de Andrade
SUPERVISORA EDITORIAL	Renata C. Lopes
PRODUÇÃO EDITORIAL	Bruna Holmen
REVISÃO	Monalisa Morais Gobetti
DIAGRAMAÇÃO	Amélia Lopes
CAPA	Mariana Brito
REVISÃO DE PROVA	Jibril Keddeh

AGRADECIMENTOS

Este livro é o resultado de uma jornada repleta de aprendizados e momentos significativos, e não poderia deixar de expressar minha profunda gratidão.

Primeiramente, agradeço à minha família: meu pai, minha mãe e meu irmão. Vocês sempre estiveram ao meu lado, oferecendo apoio e amor incondicional. Sua presença constante foi fundamental para me fortalecer e encorajar em cada passo do caminho.

Aos meus amigos, que compartilharam comigo tanto os bons quanto os maus momentos, sou eternamente grato. Vocês foram o combustível que me impulsionou a continuar buscando, mesmo quando os desafios pareciam insuperáveis. Cada risada e cada lágrima contribuíram para moldar quem sou hoje.

Alguns me incentivaram e me fizeram acreditar na minha capacidade de superar os obstáculos a cada dia. Esse processo de transformação é como regar uma planta diariamente, esperando que ela floresça. Porém a mudança acontece primeiro debaixo da terra, onde fortalece suas raízes, até que, com a força necessária, ela rompa a camada grossa de solo, cresça, floresça e dê frutos.

Outros me motivaram a seguir com a ideia desta publicação. Durante muitos meses, este livro e estas palavras se tornaram meu lugar de segurança, desabafo e renascimento. Quando as palavras foram se somando e os pensamentos foram se estruturando, todo e qualquer incômodo e dor foram se transformando em algo novo.

Hesitei muito sobre publicar ou não. Senti como se estivessem descobrindo todos os meus segredos mais profundos. Mas uma pessoa disse algo que me tirou do lugar comum: "Se elaborar todos esses sentimentos te ajudou a se transformar na pessoa que é hoje, por que isso não seria importante para os outros? Pense em quantas pessoas poderiam ter suas vidas transformadas através das suas palavras. Você já passou por isso, elaborou e se transformou; por que esconder essa possibilidade de quem também pode se beneficiar?". Isso me fez refletir. Confesso que ainda me sinto inseguro, mas essa insegurança é acompanhada da esperança de que a vida dessas pessoas também se transforme.

Quero também reconhecer as pessoas que, de alguma forma, me fizeram sofrer. Agradeço a vocês, pois cada dor e cada dificuldade foram lições que me ensinaram a ser mais forte e resiliente. Foi por meio dessas experiências que cresci e me tornei capaz de compartilhar esta parte da minha jornada.

Assim como as árvores, crescemos, florescemos, os frutos e as folhas caem, e recomeçamos um novo ciclo. Assim é a vida: um processo, um ciclo que não podemos impedir de acontecer. Só podemos torná-lo mais bonito e fluido.

A todos vocês, meu sincero agradecimento. Este livro é uma celebração de cada um desses momentos e de todos que cruzaram meu caminho. Que possamos continuar juntos, aprendendo e crescendo, sempre em busca de novos horizontes.

Com gratidão,
Fred

PREFÁCIO

Em um mundo repleto de ruídos e distrações, onde frequentemente nos perdemos nas demandas externas, *Um lugar chamado Eu* se ergue como um farol de reflexão e autodescoberta. Este livro não é apenas uma leitura, é um convite para embarcar em uma jornada íntima e transformadora, na qual a verdadeira essência do ser aguarda sua revelação. Aqui, somos convidados a explorar não apenas o que pensamos ser, mas o que realmente somos em nossa essência mais profunda.

À medida que nos envolvemos nas páginas deste livro, somos guiados por uma linguagem poética e envolvente que nos encoraja a olhar para dentro. Neste espaço seguro, temos a oportunidade de confrontar nossos medos, dúvidas e inseguranças. A vulnerabilidade, frequentemente vista como fraqueza, é abordada com um olhar novo. Aqui, ela se transforma em um sinal de coragem, um convite para abraçar nossa humanidade e reconhecer que não estamos sozinhos em nossas lutas.

A jornada que este livro propõe não se limita à introspecção, mas se expande para a relação que temos com o mundo ao nosso redor. À medida que nos aprofundamos em nossa história pessoal, começamos a entender que as camadas que compõem nossa identidade são influenciadas por nossas experiências passadas, por nossas interações e pelos contextos sociais nos quais estamos inseridos. Esse reconhecimento nos permite fazer as pazes com o que foi, celebrar o que somos e vislumbrar o que podemos nos tornar.

Ao longo das páginas, somos lembrados de que a jornada interna é tão significativa quanto as experiências externas. O crescimento pessoal é um caminho contínuo, repleto de reviravoltas e descobertas. A busca pela autenticidade nos desafia a confrontar os mitos que construímos sobre nós mesmos e a nos libertar das expectativas que o mundo impõe. Essa libertação é essencial para vivermos plenamente em sintonia com nossa verdadeira natureza.

Um lugar chamado Eu não é apenas uma obra de autodescoberta, mas também um manual prático para aqueles que desejam trilhar esse caminho. A partir de exercícios de autoanálise e reflexão, o(a) leitor(a) é incentivado(a) a tomar posse de sua própria narrativa, a desenhar seu mapa interno e a reconhecer que, embora cada jornada seja única, todos compartilhamos o desejo comum de compreensão e crescimento.

Ao nos depararmos com os desafios que surgem nessa caminhada, encontramos uma comunidade invisível de buscadores. Todos nós estamos, de alguma forma, em busca de conexão — com nós mesmos, com os outros e com o mundo. Este livro nos convida a unir essas experiências e a reconhecer que, por trás de cada história, há um coração pulsante que anseia por ser ouvido e compreendido.

Prepare-se para um mergulho profundo em sua própria história, um convite para celebrar cada passo da sua trajetória. Cada texto deste livro é uma reflexão sobre as complexidades do ser, uma exploração das nuances que tornam a vida rica e multifacetada. *Um lugar chamado Eu* não é apenas um livro, é um companheiro na busca pela autenticidade e pela conexão com o que há de mais verdadeiro dentro de nós.

Que você encontre, nas páginas seguintes, o espaço para descobrir seu próprio lugar chamado "eu". Aqui, cada reflexão é uma oportunidade de crescimento, cada prática é uma porta aberta para novas possibilidades. Este é o momento de se permitir, de mergulhar na essência do seu ser e, assim, compreender que a verdadeira jornada começa dentro de você.

Kátia Simões

Casada há 22 anos e mãe de dois filhos, formada em Administração de Empresas, com pós-graduação em Estratégia de Pessoas e Negócios e MBA em Analytics. Certificada como Coach Executivo e Life Coach, tem mais de 15 anos de experiência em Recursos Humanos, sempre focada em equilibrar a estratégia empresarial com o desenvolvimento humano.

ESTA SERÁ NOSSA CAMINHADA

INTRODUÇÃO 13

VAMOS COMEÇAR PELO COMEÇO 18

AO LONGO DO CAMINHO 21

POR QUE ÀS VEZES ESCOLHEMOS SILENCIAR? 23

RECIPROCIDADE 26

REFLEXÃO SOBRE O TEMPO: O QUE REALMENTE IMPORTA? 29

PARA ONDE ESTOU INDO? 33

VOCÊ JÁ SE PERGUNTOU? 36

CAMINHANDO PARA A FELICIDADE: O PROCESSO DE SER, NÃO ESTAR 39

O LIMITE DO ACEITÁVEL: O QUE ESTAMOS NORMALIZANDO? 43

O QUE É IMPORTANTE PARA MIM? 45

VOCÊ ESTÁ ONDE REALMENTE GOSTARIA DE ESTAR? 50

QUE HISTÓRIA VOCÊ GOSTARIA DE CONTAR SOBRE A SUA VIDA? 54

MINHA DECISÃO SOBRE MUDAR 59

QUAIS SÃO AS SUAS SAUDADES? 61

ONDE FOI QUE EU ME PERDI? 64

NADA PODE CUSTAR TUDO 66

REFLEXOS E PADRÕES: O QUE VOCÊ VÊ? 68

COMO ENCONTRAR AS RESPOSTAS DENTRO DE SI 71

NÃO FAÇA DA SUA FELICIDADE UM TRABALHO DE ALGUÉM MAIS..... 75

É PERMITIDO SE APAIXONAR, MAS NÃO ESQUEÇA DE SI............... 77

VOCÊ, SOMENTE VOCÊ.. 79

DA PASSAGEM À PERMANÊNCIA: REORGANIZANDO AS RELAÇÕES 81

LIBERTE-SE, AME!... 85

ENCONTROS E REENCONTROS.. 87

EGO: O PREÇO PELO RECONHECIMENTO 89

VOCÊ REALMENTE É QUEM GOSTARIA DE SER?......................... 91

SOMOS O QUE PODEMOS SER 96

O VERDADEIRO SIGNIFICADO 99

DO MEDO À CORAGEM: POR QUE NÃO?............................... 102

QUEM SOU EU?... 106

E HOJE, VOCÊ VIVEU?.. 109

QUAIS SINAIS ESTOU IGNORANDO? 112

ENTRE FEED E STORIES: O DESAFIO DE SER REAL.................... 118

NOSSAS PERGUNTAS TIVERAM TODAS AS RESPOSTAS?............... 121

LUZ OU SOMBRA: QUAL É A SUA ESCOLHA? 126

SONHAR É RECOMEÇAR TODOS OS DIAS 130

QUAL É O TAMANHO DO SEU PROBLEMA? 132

O TEMPO QUE PODEMOS NÃO TER 135

DIZEMOS TANTO E FAZEMOS TÃO POUCO............................ 139

VOCÊ ESTÁ NA LISTA DE ESPERA?....................................141
SERÁ QUE É FÁCIL?...144
DESATANDO OS NÓS: LIBERTE-SE DAS PRISÕES INTERNAS..........148
JÁ PAROU PARA PENSAR EM QUEM É VOCÊ?..........................151
QUAL É O SEU PROPÓSITO?..155
O QUE VOCÊ PRECISA DEIXAR IR?..159
O QUE VOCÊ ESCONDE DO MUNDO?....................................163
POR MUITO TEMPO ME ESCONDI DO AMOR..........................167
O QUE VOCÊ DIRIA SE ESTIVESSE SE ESCUTANDO?...................171
O PREÇO DE SE ESCONDER: ESCOLHAS E CONSEQUÊNCIAS..........174
COMO VOCÊ LIDA COM AS EXPECTATIVAS?...........................176
O QUE TEM MAIS PESO: O PASSADO OU O FUTURO?.................178
POR QUE TEMOS TANTA DIFICULDADE DE IR EMBORA?.............182
SERÁ QUE ESTAMOS PREPARADOS?......................................185
POR QUE AGRADECEMOS TÃO POUCO?................................187
COMO VOCÊ SE AUTOSSABOTA?..191
QUAL É A SUA MAIOR PRIORIDADE?.....................................194
NEM TUDO É SOBRE NÓS...198
POR QUE O MEDO INFLUENCIA TANTO?................................200
CORAGEM DE SE AGRADAR: LIBERTE-SE DAS EXPECTATIVAS........202
O QUE ESTAMOS DEIXANDO PASSAR?...................................204
O TEMPO DAS COISAS...207

O QUE LEVAMOS NA MOCHILA?........................212
EPÍLOGO 218

INTRODUÇÃO

Desde o momento em que nasci, carreguei a sensação de ter uma missão de vida, uma trajetória desenhada por sonhos e aspirações. No entanto, ao longo do caminho, percebi que o poder das escolhas pode nos levar a destinos inesperados, muitas vezes diferentes do que havíamos planejado.

Sou um sonhador que, em sua jornada, romantizou muitos dos seus ideais, alguns com finais felizes, outros nem tanto. E, assim, aprendi que sonhar é essencial, mas é fundamental não se perder no labirinto de ideias e devaneios, mantendo sempre o foco no presente.

As oportunidades estão disponíveis para todos, mas enquanto alguns arriscam tudo, outros hesitam em dar o primeiro passo. Para aqueles que são menos ousados, a vida se torna um constante eco de "E se", questionando as possibilidades que nunca foram exploradas. Esses questionamentos sempre iniciam com histórias que permanecem inacabadas ou sequer se iniciaram.

Essas indagações, embora carreguem um certo peso, também abrem portas para a possibilidade de que tudo pode acontecer. Mas nem sempre a vida se desenrola como desejamos; às vezes, é preciso romper barreiras, abdicar de velhos hábitos e evoluir. Quando começamos a quebrar a casca, a liberdade vem acompanhada de medo e insegurança — aquele frio na barriga que nos faz hesitar. O medo do desconhecido pode até paralisar, mas também é uma oportunidade imensa à reflexão. Pois manter-se estático(a) pode parecer confortável, mas essa zona de conforto pode se tornar uma prisão invisível.

Dentro de nós é um emaranhado de sentidos e emoções. É um caminho de descobertas que fazemos nesse espaço íntimo buscando um entendimento mais profundo de quem somos. Essa desordem nos leva a questionar nosso lugar no mundo. Essas oportunidades nada mais são do que um convite ao autoamor, pelas quais aprendemos a valorizar nossas fragilidades e fortalezas. Ao abrirmos essa caixa, nos deparamos com nossas complexas camadas internas e aprendemos a lidar com elas de maneira mais autêntica. A busca por compreensão pode ser árdua, e as adversidades são inevitáveis.

    Estar disposto(a) a olhar para dentro de si buscando entender, em meio à desordem, o que às vezes nos desequilibra, anseia e desespera é abraçar a vulnerabilidade que nos torna humanos. É um lugar interno muito íntimo, que poucos conseguem acessar, ou ninguém. É o meu espaço de "segurança". Dentro desse silêncio, onde pude finalmente ouvir minha intuição, fui capaz de identificar questões que, por tanto tempo, me impediram de seguir em frente. Ao encarar essas questões, o peso foi maior do que o imaginado: amores mal curados que teimam em ressurgir, rompimentos que deixaram cicatrizes profundas, e momentos de alegria que agora se entrelaçam com uma tristeza silenciosa, mas que, com o tempo, também trazem lições e forças que antes eu não via. Além disso, há decepções que ecoam, e a saudade, teimosa, se recusa a ser esquecida. Em certos momentos, a fragilidade de me sentir ou viver sozinho — e, talvez, terminar sozinho — tornou-se um sentimento paralisante, mas também revelador. Ao confrontar tudo isso, comecei a dar forma ao caos e, aos poucos, a buscar a paz que tanto ansiava.

    Neste livro, convido você a abrir essas caixas secretas. Vamos juntos explorar as cicatrizes que carregamos — algumas superficiais, mas outras que marcam a alma. Vamos falar sobre amores não superados, alegrias e tristezas que nos moldaram, e as escolhas que nos trouxeram até aqui. Como disse o pensador Sean Wilhelm, "Já parou para pensar que você pode abrir dez portas fechando uma?"[1]. Esta é a essência da jornada: aprender a fechar algumas portas para que novas oportunidades possam se abrir.

    A caminhada pode ser longa e desafiadora. Às vezes, a mochila que carregamos fica pesada, repleta de mágoas e ressentimentos, o que acaba dificultando nossos passos. Chega um momento em que precisamos decidir: seguir em frente ou permanecer parado(a) na linha da vida. Se optarmos

---

[1] O PENSADOR. *Já parou para pensar que você pode abrir dez portas fechando uma?* [19--?]. Disponível em: https://www.pensador.com/frase/MTEyNDAyNQ/. Acesso em: 10 fev. 2025.

por avançar, é crucial deixar para trás aquilo que não nos serve mais, permitindo que a alegria de ser quem somos prevaleça.

Escrever é um ato de expressão que ajuda a organizar essa bagunça interna. Ao abrir cada uma das minhas caixas, compartilharei histórias, reflexões e aprendizados. Vamos explorar sentimentos e emoções, despindo-nos do orgulho para abraçar a vulnerabilidade. Essa é a oportunidade de ressignificar experiências, deixando apenas o que realmente nos representa.

Bem-vindo a *Um lugar chamado Eu*. Aqui, juntos, embarcaremos em uma jornada de autodescoberta, explorando as profundezas da alma e celebrando a beleza de ser humano.

VAMOS COMEÇAR PELO COMEÇO

Olhando para esta tela em branco, é como se viajasse no tempo e pudesse reviver algumas das histórias que marcaram minha vida. É como uma criança pequena descobrindo as cores, os cheiros, os sons e com os olhos sempre atentos procurando alguém que nos ofereça o nosso "papa". Naquele momento, mal sabemos que nos tornamos o fruto de um amor incondicional.

Vamos crescendo e aprendendo a diferenciar o certo do errado. Se fizermos bagunça, seremos punidos. Quebramos coisas, ficamos doentes e, no final, dormimos um pouco para começar tudo de novo no dia seguinte.

Acredito que, ainda bem pequenos, descobrimos um amor muito forte, embora nem imaginemos o que seja. Com alguns anos a mais, percebemos que quando alguém se aproximava de nossa mãe, despertava um sentimento estranho, uma espécie de raiva; assim, conhecemos o ciúme.

Os anos passam e vamos criando sonhos, começamos a elaborar um mundo em nossas mentes. Eu sempre fui uma criança muito sonhadora, que queria transformar o mundo. Quando criança, desejamos tudo e os sonhos são tão grandes que mal conseguimos explicar. Sonhávamos com aquele brinquedo do momento, alimentávamos bichinhos virtuais como se fossem cães, brincávamos na rua e com outras tantas brincadeiras. Naquela infância, só queríamos ser livres.

Quando pequenos, nos apaixonamos tão facilmente que nem sabemos explicar o que sentimos; isso chega a ser engraçado. Naquela época, não sabíamos que amar requer preparo, disciplina e, também, liberdade.

O tempo passa, começamos a ir à escola, fazemos amigos e desejamos ser independentes; até tínhamos vergonha quando éramos levados pela mãe para a escola. Ao chegar em casa, logo após a aula, sempre tínhamos que fazer nosso dever; se não a fizéssemos, levávamos uma bronca e, às vezes, ficávamos de castigo. Mas, no final, tudo parecia ficar bem.

Nessa época, começamos a criar nosso repertório de histórias, de amores, de amizades e até algumas dessas crianças interiores que nos acompanham até hoje.

Ao iniciar a adolescência, vamos descobrindo a sexualidade, o desejo, o corpo, e não estamos sozinhos nessa jornada; há milhares de adolescentes em ebulição, querendo ser rebeldes. Por vezes, traumatizamos alguns colegas mais sensíveis. O que chamamos de bullying é tão grave que fica enraizado na vida por longos anos ou, em alguns casos, para sempre. Parece brincadeira falar da cor ou do cabelo de uma pessoa, da sexualidade de um garoto que tem mais trejeitos ou de uma menina que é mais masculina, ou ainda do amigo que tem sobrepeso. Isso causa marcas na vida de uma pessoa e, em alguns casos, essas pessoas chegam ao limite do desespero.

Aqui, trago alguns exemplos que me acompanharam na adolescência e que levei tempo para romper; alguns ainda não foram totalmente superados. É como se estivesse dentro de um campo magnético, impedido de ser quem sou, mas, aos poucos, vamos forçando e tentando quebrar, dia após dia, assim como um filhote faz uma força extrema para romper a casca de um ovo e sair do que, até então, era seu mundo.

A idade avança e chegamos à fase adulta, à responsabilidade, ao primeiro trabalho e ao desejo de nos firmar no mundo profissional, mas, principalmente, como pessoas. O primeiro relacionamento, a primeira decepção e os sonhos quebrados. Mais uma marca que fica e que carregamos, acrescentando um pouco mais a quem somos.

Caminhamos, caminhamos e caminhamos; às vezes não sabemos a direção e parece que qualquer lugar serve. Passamos por tantas experiências nessa caminhada que elas se tornam nossas lentes para o mundo. O mundo está tão cheio de palavras, as pessoas têm um vocabulário mais vasto, mas a atitude continua sendo o jeito mais transparente de mostrar do que o coração está cheio. Sempre dizem: "ter razão ou ser feliz". Escolha ser sempre os dois: a razão para não agir como um idiota e, depois, ser feliz por ter tido uma atitude que não tenha sido egoísta. Isso nos torna melhores, é como encher um cofre com moedas, uma a uma. Nossas ações dizem o que somos e no que acreditamos. Entretanto Deus nos deu algo muito especial: o "livre-arbítrio" de ser o que e quem somos. Escolha ser melhor. Escolha ser aquela pessoa que está no rolo de câmera de alguém e, quando essa pessoa passar pela foto, pensará: "Que saudade". Não seja aquela pessoa que deixa cicatrizes; se o fez, e ainda tiver a oportunidade, ajude a curar. Essa atitude vai te transformar.

No começo, temos a licença poética para dizer que ainda somos crianças e que estamos aprendendo, mas, após um tempo, já sabemos o que é certo e o que é errado; fazer o bem é apenas uma questão de escolha.

AO LONGO DO CAMINHO

Ao longo do nosso caminho, nos deparamos com inúmeras situações que exigem do nosso repertório emocional muita experiência, paz e sabedoria. Mas é possível agir sempre de forma racional? É possível identificar, de forma automática, onde começou e dar um desfecho?

A nossa primeira expectativa é sempre esperar algo do outro e, a partir daí, decidir o que faremos. Que coisa contraditória, não é? Esperamos ser reativos? Mas por que não assumir o papel de protagonista da nossa própria história?

Não terceirize o roteiro que cabe só a você; essa história é você quem escreve e é você quem conta. Se aquilo não te faz bem, assuma essa posição e defenda o seu bem-estar e a sua saúde emocional.

Já parou para pensar: quantas pessoas realmente bancam seus desejos? Suas escolhas de vida? Seus fracassos? Suas frustrações? Ressentimentos? Ansiedade? Fragilidade? Vulnerabilidade? E sabe por quê? Nem todo mundo está preparado para lidar com verdades. As exigimos, mas quando as temos, julgamos: "Nossa, achei aquela pessoa tão ríspida", "Você viu? A pessoa falou sem rodeios, não precisava ser tão direta". É ambíguo. Pedimos e, quando temos, ficamos atordoados, sem saber lidar com isso. Nesse momento, julgamos, classificamos essa pessoa e a colocamos em um lugar da prateleira que não é muito bom. Afinal, tiramos a certificação on-line de juiz para julgar e condenar alguém por apenas um gesto. Sabe aquela máxima de julgar o filme por uma fotografia?

Esquecemos que podemos estar na mesma condição da pessoa que julgamos e classificamos, como se fosse uma marca. Quando apontamos para alguém, temos três dedos voltados para nós. Mas então fica a pergunta: será que oferecemos ao outro tudo aquilo que exigimos? Será que somos tão evoluídos para julgar, classificar e não permitir que essa pessoa tenha a oportunidade de mostrar quem é? Seremos tão justos em nosso julgamento?

Essa é uma reflexão individual que não requer uma resposta dita ou escrita, apenas a reflexão para se entender, compreender e ser empático. Diz o ditado: "Pau que dá em Chico, dá em Francisco".

Em algum momento, precisamos de uma pausa, respirar e olhar para si, dispostos a se reconhecer, identificar nossos pontos cegos e compreender comportamentos repetitivos, ressignificá-los e nos redescobrir, estando dispostos a mergulhar em nós mesmos e submergir de uma forma diferente e melhor.

POR QUE ÀS VEZES ESCOLHEMOS SILENCIAR?

Silenciar pode ter diferentes significados dependendo da intenção por trás desse ato. Existe o silêncio que é um reflexo da busca por entendimento, autoconhecimento e reflexão profunda. Esse silêncio nos convida a olhar para dentro, a entender nossas emoções, nossos valores e o que realmente desejamos da vida. Ele nos ajuda a discernir, a encontrar clareza em meio ao caos e a ouvir nossa própria voz interior. Mas há também o silêncio da omissão, aquele que nasce do medo, da insegurança ou da falta de coragem para agir. Esse tipo de silêncio nos impede de nos posicionarmos, de expressar o que realmente sentimos ou acreditamos e acaba nos tornando cúmplices de situações que nos ferem ou nos desrespeitam, e é esse que vamos embarcar aqui.

Mas por que, em algumas situações que a vida nos apresenta, preferimos silenciar? Em que situações o silêncio nos impede de crescer, de aprender ou de nos libertar de velhos padrões? Será que o silêncio é uma forma de proteção ou uma maneira de evitar confrontos difíceis?

Silenciamos diante de uma agressão física ou verbal, seja contra nós ou contra pessoas importantes. Silenciamos diante de uma atitude errada. Silenciamos quando sabemos de uma traição. Silenciamos ao presenciar algo que rompe nossos valores. Silenciamos quando nos apaixonamos. Silenciamos quando somos abandonados. Silenciamos quando só queremos um silêncio no abraço de alguém. Silenciamos nossos sentimentos apenas porque vivemos algo que não deixou saudade. Silenciamos nossas conquistas quando o coração se enche. Silenciamos quando o mundo está confuso. Silenciamos mesmo quando temos certeza.

Silenciamos quando a boca está cheia de palavras querendo dizer "te amo", amor de mãe, amor de pai, amor de irmão, amor de família e amor de amigo. Silenciamos quando só queremos um abraço. Silenciamos quando vemos injustiças e, pior, quando cometemos injustiças. Silenciamos quando sonhamos com algo grande. Silenciamos quando nos tiram uma oportunidade. Silenciamos quando somos desrespeitados de todas as formas: como pessoa, como cidadão, como parceiro, como profissional, como colega ou como amigo. Silenciamos quando vemos nossa amizade classificada em uma prateleira diferente daquela que escolhemos. Silenciamos quando sentimos frio na barriga diante do novo e do incerto. Silenciamos quando estamos desconfortáveis com algo ou alguém. Silenciamos quando alguém nos fere de um jeito jamais imaginado. Silenciamos quando somos colocados em um lugar menor do que merecemos. Silenciamos quando queremos gritar ao mundo quem somos, como somos e no que acreditamos.

Por que normalizamos o ato de silenciar? Por que acreditamos que silenciar dá menos trabalho?

Silenciar vai além do ato de não falar. Em algumas situações, silenciar é se anular, é deixar de ser o que se é ou no que se acredita, em detrimento de outra pessoa que não faria o mesmo por nós.

O silêncio, por vezes, torna-se ensurdecedor, especialmente quando o peito e a alma estão repletos, como se a essência interior precisasse ser ouvida e expressa. Nesse momento, sentimos nossas fibras pulsando, ansiosas para ganhar espaço em um mundo que, ao negligenciarmos a nós mesmos, estamos lentamente perdendo.

Se apresentar, querer entender ou se colocar diante de situações desafiadoras, como o medo de falhar, o receio de ser julgado ou até o desconforto de sair da zona de conforto, pode gerar um frio na barriga, mas nada dura para sempre. Tudo Passa. Cada passo dado em direção ao desconhecido é uma oportunidade de crescimento, e ao superarmos esses momentos, nos tornamos mais fortes e preparados para o que está por vir.

Não silencie o que já não te serve mais. Não silencie o desejo de partir. Não silencie o seu amor. Não silencie as oportunidades. Não silencie as paixões. Não silencie os desafios. Não silencie seus desejos. Não silencie seus sonhos. Não silencie a sua vida. Não silencie você.

Quando puder escolher, escolha o barulho! Escolha o frio na barriga! Escolha os aprendizados! Escolha os sonhos! Escolha a vida! Escolha você, sempre!

O silêncio só cabe quando não há nada a se fazer, ou seja, quando seu tempo aqui já estiver terminado. Enquanto isso não acontecer, você tem escolhas diferentes, e se calar para o mundo não pode ser uma delas.

RECIPROCIDADE

Atualmente, vivemos em um mundo em que a aparência é muito mais importante do que o ser. Isso dá uma falsa sensação de status, mas, quando as cortinas do dia se fecham, volta a sensação de incompletude.

Fala-se muito em dar sem esperar receber, mas, convenhamos, será que somos tão espiritualizados a ponto de achar que poderia, sim, haver algo em troca? Esse discurso é filosófico, altruísta e bonito, mas pode parecer fantasioso também.

Oferecemos muito de nós, mas recebemos pouco do outro. Nossos sentimentos são nossas emoções mais profundas e representam uma fonte de energia finita e não renovável. É como se, ao oferecer sem receber nada em troca, essa energia fosse se esgotando.

Quando você oferece algo puro e verdadeiro a alguém e a outra pessoa te oferece o mesmo, chama-se reciprocidade. Mas o que é reciprocidade? Em definição, reciprocidade é algo de caráter recíproco, correspondência, mútuo, ou seja, dar e receber.

Para mim, reciprocidade é algo que não cabe em palavras; é algo que precisa transcender o "Eu te amo", "Eu te adoro", "Você é especial". Reciprocidade não se fala, se demonstra.

Reciprocidade se manifesta em gestos e atitudes. É quando você vê algo e se lembra daquela pessoa. É quando você faz planos pensando em como seria legal dividir essa história. É quando você ri tanto, do nada, ao lembrar das várias experiências vividas juntos. É quando, em alguma festa, você pensa: "Vou comprar algo para nós, porque seria incrível curtir juntos". É quando, em sua viagem, você se lembra de levar uma lembrancinha. É quando você faz questão de estar com essa pessoa em momentos importantes da sua vida. É quando você quer dividir suas conquistas. É quando você não está bem em um dia e só gostaria de ter alguém em quem confiar totalmente, permitindo-se ser apenas você, sem julgamentos. É quando você recebe uma mensagem e responde quase que instantaneamente. É quando você rola um story e se lembra dela, compartilhando. É quando está em uma festa, tira uma foto e compartilha: "Você está fazendo falta". É quando podemos ser nós mesmos, sem rótulos, com todas as nossas fragilidades, qualidades e defeitos. Para mim, reciprocidade não se diz, se mostra. Reciprocidade não se diz, se vive. Por isso, se você chegou à conclusão de que talvez esteja oferecendo demais e recebendo de menos, cabe a você tomar duas possíveis decisões: continuar oferecendo ou reorganizar suas prioridades. Às vezes, nos moldamos demais para caber no mundo de alguém, enquanto o nosso mundo fica de lado.

Reciprocidade é moeda de troca, nem mais nem menos, apenas igual. Se alguém está oferecendo demais e você recebe de menos, temos um problema, e não se trata de reciprocidade, mas da falta dela.

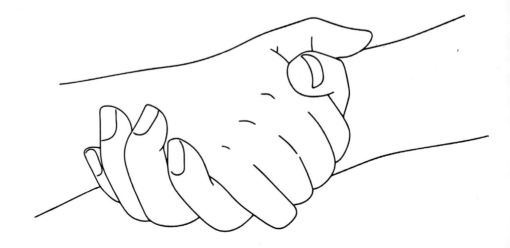

REFLEXÃO SOBRE O TEMPO: O QUE REALMENTE IMPORTA?

O tempo nos é dado para fazer dele algo especial e significativo. Quando nascemos, nossos pais imaginam que temos o tempo a nosso favor por muitos anos, mas nem sempre é assim como eles imaginavam, e tão pouco como nós imaginamos.

Quando crianças, sonhamos com tantas coisas que perdemos até a contagem da nossa imaginação. Era a profissão dos sonhos, o momento em que encontraríamos um grande amor e passaríamos a vida ao lado de alguém que também nos amaria, aquela casa dos sonhos, filhos e netos.

Quando somos crianças, acreditamos que o tempo é infinito. Prometemos ajudar o próximo, oferecer uma casa para nossos pais, apoiá-los na velhice, preservar a natureza e ser uma boa pessoa, sempre ou, ao menos, na maior parte do tempo. Mas o que é o tempo?

O tempo é uma medida que se conta por minutos e que tem a duração necessária para que as coisas aconteçam; é assim que contabilizamos os momentos, seja em horas, dias, semanas ou séculos. Imagine que um século tem 100 anos, uma década tem 10 anos, um ano tem 365 dias, uma semana tem 7 dias, um dia tem 24 horas e um minuto tem 60 segundos. Entretanto esse tempo que imaginamos contabilizar parece estar durando muito menos; a sensação é que os dias estão passando mais rápido. Já parou para pensar se perdêssemos 5 segundos por hora? Pense agora: quanto desse tempo perdemos ao longo de todos os nossos anos?

Deixamos de viver de tantas formas; não é só no sentido literal da palavra, ou seja, de estar vivo. Para viver, é necessário encontrar um sentido para a vida, ou seja, tudo aquilo que nos move, que nos motiva e que dá significado à nossa existência.

Quando crianças, queremos mudar o mundo, sonhamos grande e nossos sonhos são audaciosos. Não sonhamos sozinhos; temos sempre ao nosso lado nossa família, nossos primos, nossos avós, nossos amigos, todos eles compondo e integrando nosso sentido de vida. Com o tempo, tornamo-nos mais céticos e conscientes; começamos a sonhar um pouco menor. Talvez não caiba todo mundo naquele mundo ideal que construímos, e com a maturidade percebemos que sonhar para tantos não é algo viável, pois são muitas intenções e destinos diferentes para compor um único sonho. Não estou dizendo que, quando adultos, deixamos de lado a capacidade de sonhar, mas que sonhar é algo individual e especial. Os sonhos têm a ver com quem somos e com quem, de fato, estará ao nosso lado.

O que sonhamos reflete muito do que nos tornamos, das nossas crenças e dos nossos valores. Nossos sonhos vão se adequando ao tempo que temos ou acreditamos ter pela frente.

Quando falamos: "Meu sonho é...", a primeira coisa que vem à nossa mente é o "ter". Não há problema em sonhar grande, mas não se deve apenas querer ter; é preciso caminhar junto com o "ser". É o tangível com o intangível, o material com o imaterial. É a essência, é o que somos.

O tempo nos traz os sonhos sob outra perspectiva. Quando paramos ao final de cada ano para planejar nosso tempo futuro, listamos muitos dos nossos sonhos, imaginando que temos ainda 100 anos pela frente. Será que alguém, ao listar seus objetivos para o novo ano, olha pelo retrovisor para fazer um balanço? O que foi bom, o que foi ruim, os erros e acertos, as alegrias e tristezas? Enfim, o ano tem 365 dias, 8.766 horas e 525.960 minutos, e pode ter certeza de que fizemos muitas coisas que nem sempre nos alegram.

Durante esse tempo, você já deixou de dizer algo a alguém por achar que seria estúpido? Já passou por uma situação que o decepcionou, acreditando que receberia o mesmo em troca? Alguém já te fez sentir incapaz de fazer algo certo e, o pior, você acreditou nisso? Nesse tempo, você se apaixonou por alguém? Se sim, deixou essa pessoa se aproximar o suficiente para estreitar uma relação? Nesse tempo, quantas vezes você disse "Eu te amo" para seus pais ou seus irmãos? Ou quantas vezes acabou excedendo e sendo agressivo com eles? Nesse tempo, quantas vezes você parou um só minuto para olhar para si? Eu digo, quantas vezes você parou e olhou para dentro de si para compreender o que está sentindo?

O tempo tem passado de forma veloz. Você comemora o ano novo, logo tem carnaval, vem a Páscoa, depois festa junina, Dia das Crianças, Finados, e quando nos damos conta, já é Natal e começamos novamente a definir nossas metas para o ano vindouro.

Mas você parou para olhar no seu retrovisor e ver o que deixou de fazer? O que conquistou ou o que perdeu? Quais aprendizados tirou para não errar da mesma forma?

As coisas materiais são fáceis de contabilizar: comprei um carro novo, fiz uma viagem para a China, comprei um apartamento novo, comprei um computador novo, troquei de celular, e assim vai. O desafio aqui é olhar para o seu retrovisor e ver o que conquistou e o que perdeu como pessoa, como ser humano cheio de qualidades e defeitos.

Você parou em algum momento para ver qual é o seu lugar no mundo? Se de fato você está onde gostaria de estar? Em algum momento você parou para prestar atenção naquilo que realmente quer ou você foi só mais um indo na manada? Olhou para o lado e se sentiu tocado alguma vez que alguém precisou de ajuda? Você será mais um em milhões, que vira a cara e continua o dia como se nada tivesse acontecido, ou realmente ajuda? Você parou algum momento para meditar, perceber seu corpo, as sensações e os sentimentos que estão habitando o seu íntimo? Quantas vezes você foi o que gostaria de ser e não o que os outros esperavam que fosse?

Perdemos muito tempo querendo nos encaixar nas expectativas dos outros, e o que de fato somos vai ficando em segundo plano. Sabe por quê? Porque queremos ser sempre mais e melhores, mas não por nós como seres em evolução, e sim para caber naquela roda de amigos com a qual gostaríamos de estar (mesmo que não sejamos tão felizes), para estar em uma reunião porque diretores estarão presentes e você ganhará status (mesmo entrando mudo e saindo calado), ou para ocultar seus sentimentos para evitar conflitos, mesmo que isso fira os seus valores (omitimos a nós mesmos o tempo todo). Simplesmente deixamos de usufruir de algo tão precioso e especial que é o tempo. E nem sabemos, de fato, quanto dele teremos; ficamos com a falsa sensação de que ele é infinito, dentro da nossa finitude existencial.

Perdemos nosso pouco tempo sendo muito mais o que os outros gostariam que fôssemos do que aquilo que de fato gostaríamos de ser. Chega um momento em que você precisa dar um basta e apostar todas as suas fichas em você.

Dentro de nós, temos muitas perguntas e muitas respostas; dentro de nós está uma história de longas datas. Temos no DNA e na alma a rota do nosso destino para sermos melhores do que fomos ontem e do que somos hoje. Nossa missão é ser o melhor para nós o tempo todo; afinal, esse é o desafio e é por isso que estamos trilhando a jornada da VIDA.

Se o seu tempo estivesse chegando aos últimos minutos e você pudesse olhar para trás, você fez tudo o que gostaria de fazer por você ou a maioria das coisas fez porque os outros gostariam? Qual legado você gostaria que as pessoas contassem quando não estivesse mais aqui?

Aproveite o tempo que ainda tem; pare e reflita, pois, se você ainda pode fazer isso, então aproveite essa oportunidade.

PARA ONDE ESTOU INDO?

Já parou para se perguntar para onde está indo? Imaginamos muitas coisas como respostas para essa pergunta, acreditando que tudo é mais simples do que parece, quando, na verdade, não passa de ideias e sonhos, que muitas vezes se distanciam da realidade.

Ao longo dessa jornada, caminhamos, caminhamos e caminhamos, e, quando nos damos conta, mal conseguimos sair do lugar. Dizem que, mais importante que o destino, é a jornada que se faz até chegar a ele. Mas, às vezes, são tantas as provações, que chegamos a duvidar se conseguiremos. Por isso, trace uma rota e siga adiante; na caminhada, você vai se surpreender, tanto positiva quanto negativamente. Entretanto, em algum desses caminhos, encontramos pessoas que facilitam nossa jornada e outras que nos fazem duvidar da nossa inteligência. Diante disso, temos o cenário de parar ou seguir; escolha sempre seguir.

Paramos por alguns instantes para tentar entender o que acontece e temos a sensação de que o tempo está passando tão rápido que mal conseguimos acompanhar. Muitas vezes, ouvimos de pessoas próximas que, nesses momentos tortuosos, sempre haverá alguém com uma luz que nos ajudará a encontrar o nosso caminho certo ou simplesmente a passar por ele de forma mais tranquila.

Somos livres e escolhemos a jornada que faremos para chegar ao nosso destino. Alguns caminhos podem ser mais sinuosos que outros, com muitas pedras dificultando nosso caminhar, e algumas delas são atiradas como forma de afirmar nossa suposta incapacidade. Há pessoas que nos confrontam a todo momento com palavras e gestos que nos subjugam, e muitas vezes aceitamos isso sem a chance de argumentar, pois perdemos a força para dizer qualquer palavra autoafirmativa. Mesmo que o tempo da sua jornada se estenda, silenciar nunca deve ser uma opção. Recalcule a rota, reveja suas prioridades, porque, se não fizermos isso, será mais um fantasma que teremos que enfrentar na linha da vida, e, às vezes, ele pode ser maior do que imaginávamos.

Em alguns momentos, a ansiedade pode bater, e seu coração pode acelerar, mas concentre-se na respiração e deixe que seus poros transpirem essa tensão. Esses minutos podem parecer durar horas, mas são momentos que nos trazem muitos gatilhos, levando nosso corpo e nossa mente à exaustão.

Nessa caminhada, vamos encontrar diversos tipos de pessoas: algumas para nos ajudar e outras para nos questionar e nos tirar do caminho. Chegamos a nos perguntar: por que isso está acontecendo? Por que encontramos pessoas dispostas a atrapalhar nossa caminhada? Mas, sempre depois das nossas batalhas mais difíceis, conseguimos sair muito mais conscientes de nós mesmos e do nosso lugar neste mundo. Se você parar e silenciar, vai sempre ouvir aquela voz interna que o conduz para onde, de fato, precisa estar. Mesmo que pareça difícil enfrentar algumas questões internas, nunca deixe de se questionar por medo das respostas que encontrará. É dessa forma que entendemos nossos limites e compreendemos nosso corpo.

O medo é uma emoção que existe para nos proteger, mas pode nos paralisar e nos impedir de fazer escolhas ou tomar riscos por mera insegurança ou por não confiar suficientemente no que queremos. Teremos perguntas o tempo todo: "Será que não sou capaz?", "Por que não foi desta maneira?", "Será mesmo que posso conquistar tudo o que quero?", "O que falta para ser dessa forma?", "Encontrarei pessoas dispostas à reciprocidade? Se não encontrar, o que será necessário fazer para que minhas possibilidades não se esgotem? Mesmo que encontre alguém, estarei disposto a me doar?". Continue e aprenda, fortaleça-se, porque, se Ele nos colocou aqui, é porque sabe que podemos e somos fortes o suficiente para sairmos ainda maiores.

Decidir é um ato de coragem; por isso, quando as adversidades surgirem, escolha olhar para elas como uma fonte de oportunidade, mesmo que a caminhada tenha deixado nossos pés em carne viva. Cuide-se, passe remédio, pois, em algum momento, a ferida vai cicatrizar e vai se tornar apenas uma lembrança.

Conforme avançamos pelo nosso caminho, acumulamos inúmeras coisas na nossa mochila, tornando-a pesada e dificultando o caminhar de forma leve. Em algum momento, será necessário fazer uma parada e olhar para o que você carrega; despreze aquilo que não o(a) leva a lugar nenhum ou o que assumiu como seu, mas que não é sua responsabilidade. Deixe apenas aquilo que traz boas lembranças, que vai ajudá-lo(a) como pessoa e reafirmar quem você é verdadeiramente.

Em qualquer caminho que escolhermos seguir, sempre haverá a necessidade de parar e dar uma pausa, até se questionar: "Para onde estou indo é, de fato, onde quero estar?". Muitas vezes, como seres humanos, simplesmente seguimos o bando; por isso, é estratégico e necessário fazer essas paradas, seja para rever a rota ou reafirmar o caminho escolhido. Quando encontrar pessoas que o(a) colocam em dúvida, busque entender seus limites e ter clareza sobre seu objetivo e seu propósito.

Escolha sempre caminhar, e mesmo que pensamentos negativos ou duvidosos voltem a surgir, traga a clareza daquele que um dia acreditou em você e reforce essa autoafirmação: "Sei quem sou e para onde estou indo" e simplesmente continue. Não existe caminho simples, e mesmo que encontre um, nada impedirá que você tenha seus tropeços e quedas, mas escolha continuar seu caminho, acreditando em você.

Liberte-se, permita-se, arrisque-se; nesta jornada, cuide do seu jardim, pois o caminho de ida pode ser o caminho de volta.

VOCÊ JÁ SE PERGUNTOU?

Vivemos em um mundo de constantes mudanças, e esses acontecimentos são tão rápidos que mal dá tempo de processar e entender qual aprendizado está por trás daqueles eventos imprevistos.

Esse questionamento soma-se às milhares de perguntas que os acontecimentos nos impõem, e nem temos tempo de entender, de nos questionar e de encontrar algumas respostas. Às vezes, ficamos tão imersos em nós mesmos que mal conseguimos perceber o que aconteceu de fato, e fica a pergunta: "Por que isso aconteceu justamente comigo?".

Mais uma pergunta sem resposta, ou, talvez, não conseguimos e não queremos enxergar de fato o que ocorreu. Muitas vezes, nosso estado de cegueira é opcional, para não lidarmos com os fatos, pois não saberemos como direcioná-los.

São perguntas, mais perguntas, e as respostas não acompanham o mesmo ritmo. Está disposto(a) a entender o que aconteceu? Está disposto(a) a enfrentar os traumas, as crenças limitantes, as verdades distorcidas? Somos os guardiões daquilo que queremos e não daquilo que de fato é. Tudo isso soa como anestesia para não enfrentar os dragões do nosso eu.

Este é o propósito da nossa caminhada neste planeta: olhar para nossas fragilidades, nossos medos, nossas vulnerabilidades, nossos traumas, nossos fantasmas, nossas mágoas etc. É como se arrumássemos o guarda-roupa, encontrando algumas peças esquecidas que já não servem mais, que não usamos, mas que insistimos em manter guardadas, ocupando o espaço que algo novo poderia ocupar. Assim, vamos acumulando sentimentos que não compreendemos à primeira vista, mas que optamos por omitir e deixar de lado até o momento de enfrentá-los. Mas pode ser que esse tempo seja curto demais e, novamente, não saberemos tratar a questão, gerando mais uma pergunta, que provavelmente ficará sem resposta.

Hoje, tudo é questão de tempo: para ir à academia, para praticar atividades físicas, para terapia, para trabalhar, para estudar, para ler um livro. São tantos afazeres que, no final do dia, estamos tão cansados que mal conseguimos um tempo só para nós. E falo aqui não apenas do físico, que é importante para a saúde, mas também do processo de autoconhecimento, autoaceitação e autoamor.

A vida vai passando e nossa mochilinha já está cheia de perguntas. Sempre que tudo vira de ponta-cabeça, questionamos e culpamos o mundo, Deus, o vizinho, pai, mãe, mas somos tão egocêntricos que não fechamos a casinha e olhamos para dentro. No mundo corporativo, é normal terceirizar quando se quer uma mão de obra mais barata ou não se quer liderar uma equipe. Trazendo para a relação pessoal, é mais fácil procurar um culpado ou culpar o outro do que parar e se perguntar: "O que poderia ter sido feito para se ter um resultado diferente deste?". O resultado diferente não vem se você sempre faz a mesma coisa.

Chega um momento na vida em que não cabe mais delimitar o espaço e a culpa do outro sem fazer o seu processo de autorreflexão. O caminho que me trouxe até aqui é o que, de fato, eu gostaria de ter trilhado? Todas as atitudes que foram tomadas foram sempre ilibadas? Será que a minha jornada é assim intocável? Nenhum deslize? Você já parou para se perguntar?

Deus nos presenteou com três possibilidades de ajustar a rota:

1. Através do passado: olhar pelo retrovisor da vida e tirar todos os aprendizados para que os mesmos erros não sejam cometidos, que os erros sejam novos para mais conquistas pessoais.

2. Através do presente: olhar nossos aprendizados conquistados e escolher ser uma pessoa diferente do que fomos ontem e ainda melhor para o futuro, mesmo que incerto. Evolutivamente, viver hoje, com o olhar nos aprendizados do passado e pavimentando o caminho que nos conectará ao futuro.

3. Através do futuro: pensar no futuro é saudável, pois te coloca em rota de evolução, planejando como fazer as coisas para que essa rota seja tranquila e não caótica. O que não é saudável, quando se fala de futuro, é viver literalmente nele, a 5, 10 ou 15 anos à frente, e o que é pior de tudo isso é perder o agora.

Quando estiver de fato em algum lugar, ESTEJA! Quando optar por ler um livro, LEIA! Quando optar por ter uma vida e uma alimentação mais saudáveis, simplesmente FAÇA.

Quando você encontrar alguém para dividir uma história, um sentimento ou até uma vida, só AME e VIVA isso intensamente.

Quando optar por ser alguém ainda melhor, SIMPLESMENTE SEJA.

O que é mais admirável em uma pessoa é quando o que ela diz se traduz em atitudes. Isso, que é lindo, exemplar e estimulante, chama-se COERÊNCIA. É raro encontrar alguém assim, portanto, faça sua parte alinhando suas falas às suas atitudes. É a tradução mais linda que você vai viver e visualizar na sua vida.

Assim, aos poucos, as muitas perguntas que você tem vão se esvaindo como areia entre os dedos, pois você estará em um lindo processo de autoconhecimento, que é um mergulho profundo no eu.

Todas as suas perguntas vão acabar? NÃO!

Vai conseguir encontrar todas as respostas para essas e outras perguntas que surgirem ao longo do caminho? NÃO!

Não existe pergunta e resposta que não possamos encontrar dentro daquele que tem o maior desafio de todos: ser quem é na essência mais pura que alguém pode ter, EU.

As perguntas que você precisa fazer, você já sabe? E as respostas? Também, basta enfrentar o desafio de entender e elaborar isso, porque o caminho do self é lindo e transformador.

CAMINHANDO PARA A FELICIDADE: O PROCESSO DE SER, NÃO ESTAR

Procuramos tantas formas de nos tornarmos felizes que acabamos perdendo a magia da caminhada; buscamos tanto essa derradeira mania de felicidade que deixamos valores e pessoas passarem por nossas vidas, e, quando percebemos, já se foram, e nem sempre eles voltam. Buscamos tão insensatamente a felicidade que não percebemos o que está à nossa volta e, pior, não percebemos como a deixamos, por estarmos completamente focados na busca daquilo que mal conseguimos dimensionar.

É uma busca tão sagaz que, às vezes, perdemos a ética, perdemos princípios e, principalmente, esquecemos de quem somos e quais são nossos valores. Às vezes, estamos tão eufóricos com aquilo que nomeamos como felicidade que fica a falsa sensação de que estamos completamente realizados e felizes.

Mas qual é a diferença entre estar feliz e ser feliz?

Estar feliz é momentâneo; sabe aquela promoção que você almejava e conseguiu, ou aquele carro novo que sonhava, talvez aquela viagem ou a finalização de um curso? Estar em uma festa ou em um happy hour com os amigos tem um começo, meio e fim. Não dá para estar feliz o tempo todo; somos seres humanos e temos dias mais complicados que outros.

No dicionário, felicidade é definida da seguinte forma: "qualidade ou estado de feliz; estado de uma consciência plenamente satisfeita; satisfação, contentamento, bem-estar. Outra definição: estado de espírito de quem se encontra alegre ou satisfeito; alegria, contentamento".[2] Felicidade é acessar seu estado mais íntimo do sentir, de vulnerabilidade, que traz aquela sensação de plenitude e bem-estar.

---

[2] FEIG. *Felicidade*. [20--?]. Disponível em: https://www.feig.org.br/2023/07/11/felicidade/. Acesso em: 6 fev. 2025.

A felicidade tem relação com a paz interior, com o autoconhecimento de saber quem você é no seu estado mais íntimo, ao qual ninguém tem acesso, ou apenas aqueles mais próximos. Acessar este mar profundo que é o nosso eu, requer disponibilidade e paciência para o que vamos encontrar, pois nem sempre são boas as descobertas.

Esse processo de autoconhecimento em busca dessa felicidade e paz interior é como comprar uma casa com o mato muito alto, seco e praticamente sem vida. É colocar as ferramentas em mãos e começar a limpar. Alguns espinhos vão ferir, você vai cair algumas vezes tentando arrastar o mato seco para fora, ou vai ter a sensação de que nunca acaba. Alguns dias você estará mais disposto que outros; o importante é não desistir, mesmo que o jardim pareça de fato sem vida. Essa é a hora de arregaçar as mangas, colocar as luvas para não se ferir e terminar essa limpeza para que a vida novamente floresça. A paciência faz parte do processo; não se tem frutos sem o esforço do broto para romper a semente, para ter força para crescer e dar folhas verdes e viçosas, e depois florescer. Mas, para que o fruto nasça, as flores precisam secar. Faz parte do processo! Faz parte da vida; afinal, estamos aqui para sermos melhores.

Olhe para esse jardim: debaixo da terra ainda há vida, e agora ele poderá crescer sem mais nada para sufocá-lo. Regue todos os dias esse solo seco, adube com autoamor, autocuidado, autoconhecimento e autocompaixão. Se esse jardim não florescer, não haverá folhas e flores para as abelhas polinizarem. Sem elas, o beija-flor não virá voando para beijá-las, batendo suas asas 80 vezes por segundo. Portanto, cuide do seu jardim para que as borboletas também voem por aí, exibindo aquelas asas grandes e coloridas.

Recapitulando: *estar* feliz é passageiro, enquanto *ser* feliz é um sentimento de completude, é gozar da oportunidade do bem-estar interno, único, individual e intransferível. Por isso, durante sua jornada, não esqueça que o caminho é livre, mas também é importante saber que existe o caminho de volta. Portanto, cuide do que está à sua volta; o destino é importante, mas, ao chegar lá, o que resta além de uma conquista interna e não poder contar para seus amigos? É esse tipo de vida que você busca?

Na sua jornada, olhe para tudo o que está perto, agradeça, acolha quando necessário, ressignifique e se fortaleça. O caminho de volta, dessa forma, será florido, cheio de aprendizado e seu coração estará leve, com a sensação de dever cumprido. Por isso, cultive sempre as flores que a vida coloca em seu caminho; afinal, a felicidade não é o destino, mas um caminho.

O LIMITE DO ACEITÁVEL: O QUE ESTAMOS NORMALIZANDO?

As pessoas entram em nossas vidas por algum propósito que, muitas vezes, não conseguimos compreender. Não raramente a pessoa é tão diferente de nós que parecemos água e óleo, que não se misturam de jeito nenhum. Já em outras ocasiões, é como se esse outro e eu formássemos uma só pessoa, de forma que não conseguimos imaginar a vida sem ela ao nosso lado.

Amigos, paqueras, familiares entre outros, são tantos os vínculos que nos testam diariamente. A convivência vai nos aproximando dia a dia, mas também tem o poder de nos distanciar. Vou aqui fazer uma correção: a convivência não afasta ninguém, mas sim as atitudes e até as não atitudes.

Você já se decepcionou com algum amigo? O que você fez com isso? Falou o que incomodava ou simplesmente deixou para lá? Apesar de a família ser sangue do nosso sangue, lidar com ela nem sempre é uma tarefa fácil. É um exercício constante de autopercepção, reflexão e paciência. Diferente dos amigos: se não quiser ver mais uma pessoa, você simplesmente não atende às suas ligações e não responde às suas mensagens. A família está ali; é impossível não a ver novamente. A vida é uma jornada que pode durar alguns anos ou muitos anos, e as situações que nos são apresentadas são para que possamos evoluir, aprender e até perdoar. Mas há caminhos que levam a encontros surpreendentes.

Sejam familiares, amigos ou amores, todos somos indivíduos com sentimentos em ebulição o tempo todo, e às vezes esses sentimentos saem do controle quando recebemos uma resposta torta. Mas a convivência nos faz pensar assim: "Ah, ele(a) é assim mesmo", "Ele(a) está com algum problema", ou tantas outras justificativas vazias que damos para não corrigir a situação na hora. Sabe o que fazemos? Normalizamos.

Normalizamos a resposta dada de forma rude para uma pessoa idosa; é tão comum a grosseria de homens na noite em relação a meninas, que alguns a acham normal e até mesmo riem da importunação sexual. Vemos tantas notícias sobre desmatamento que normalizamos a morte da natureza, e está tão comum uma pessoa ser morta por roubo que normalizamos essa situação. O convívio nos faz confundir liberdade com libertinagem, e normalizamos isso.

Mas é normal normalizar essas situações? Não, não é normal nem correto normalizar certas palavras e atitudes. Elas continuam sendo erradas e, muitas vezes, cruéis consigo e com os outros. Só recebemos aquilo que damos ao universo.

Olhe para si, mergulhe no seu íntimo e você encontrará situações em que sabe que passou do ponto ou que poderia ter sido diferente. Mas e aí, o que fará com isso? Aqui poderia dar duas alternativas: não cultive mágoa. Se o outro for importante na sua vida, converse e restabeleça os combinados, mas com esse aprendizado para não se repetir. Fique com o compromisso de se curar e se autocorrigir para que não ocorra novamente. E, se acontecer, peça desculpas e evolua! Não dá para sempre ter os mesmos comportamentos e usar as velhas desculpas.

A vida dá oportunidades diariamente, mas também as tira, e você é quem define qual caminho quer seguir no tabuleiro da vida. Em algumas jogadas, você lançará o dado e, se não aprendeu com os seus velhos costumes, a sorte não estará ao seu lado. O resultado do dado será: "Volte duas, três ou até o início do jogo" ou "Você ficará sem jogar três rodadas". Por isso, é fundamental fazer escolhas conscientes. Sempre que você se deparar com algo que te incomode, lembre-se de que tolerar isso não é uma atitude saudável. Se você não quer estagnar ou retroceder, escolha não normalizar o que é errado. Tome uma posição, pois a omissão também é uma forma de se posicionar — ou, na verdade, de optar por não se posicionar.

O QUE É IMPORTANTE PARA MIM?

Atualmente, vivemos em tempos complexos e confusos. Estamos em constante busca por algo intangível e, na maioria das vezes, inexistente. A conexão com as redes sociais acaba nos distanciando cada vez mais do mundo real. Quando você acessa essas redes sociais, fica com a falsa sensação de que sua vida é sem cor, sem brilho e sem felicidade, pois só se vê momentos felizes. Uma foto congela um sorriso que pode ter durado apenas alguns segundos, somente para poucos cliques, mas depois volta-se para o mundo real.

Essa aparência vai nos padronizando, como se estivéssemos em uma fábrica de brinquedos em um novo lote ou coleção. As pessoas vão perdendo a capacidade de ter opinião sobre algum assunto, se omitindo apenas para se encaixar em um grupo ou em um padrão tido como dominante. Com isso, vamos aos poucos perdendo o que temos de mais importante: nosso Eu. Estamos cada vez mais distantes de quem somos, pelo simples fato de querer fazer parte de algo que, na maioria das vezes, é irreal.

Essa distância vai se ampliando, e o nosso Eu fica escondido no cantinho do nosso coração, abafado, sufocado, somente para que possamos nos manter dentro de um padrão que traz a ilusória ideia de pertencimento.

Nessa caminhada, chega um momento em que se encaixar não faz mais sentido, não te deixa mais feliz como você pensava que poderia ser, e você começa a questionar o que sente, o que de fato viveu e como chegou até esse momento. Neste mundo onde buscamos nos encaixar, não se estabelece uma conexão verdadeira, pois as relações são superficiais e, muitas vezes, as conversas não entram na intimidade de luz e sombra de uma grande amizade. Nesse momento, é como se você saísse da floresta, onde limita seu campo de visão a algumas árvores, e começasse a sobrevoar a floresta, podendo observar a imensidão daquele verde. Quando você consegue ver além, questiona: O QUE É IMPORTANTE PARA MIM?

Vem o sentimento de vazio. Passaram-se anos e ficamos com a sensação de que estamos em débito com o mundo, chegando a pensar que o dia poderia ter mais algumas horas e/ou a semana ter mais dias. Mas, se esse desejo, mesmo que doido, pudesse ser atendido, você entraria na sua escala de prioridades? Faria tudo aquilo que vem se prometendo ou programando há algum tempo? Faria mesmo ou colocaria outras prioridades nessas horas adicionais só para satisfazer o outro?

Buscamos nos desdobrar para conseguir lidar com o trabalho, a família, os colegas de trabalho, os egos e tudo isso dentro dessas 24 horas. É como se pudéssemos esticar os minutos só para fazer mais uma "tarefinha", responder a mais um e-mail, fazer mais uma reunião e, de novo, cadê você nessa lista? Buscamos tanto para os outros que esquecemos de nós, apenas para satisfazer suas necessidades. E, muitas vezes, essas pessoas nem sequer nos têm como prioridade. Mas e nós, em que momento vamos satisfazer a NOSSA necessidade?

Ficamos o tempo todo tentando nos encaixar e deixando de viver o que de fato é importante para a nossa vida, pois gastamos nosso precioso tempo vivendo em função de desejos e anseios alheios. Passamos a nos anular de forma inconsciente para viver em um mundo que não é nosso e que nem sempre achamos "UAU". Simplesmente vamos como todos vão e, assim, conseguimos nos sentir parte de algo.

Nessa jornada de tentativas e buscas pautadas no outro, vamos esquecendo de nós, dos nossos valores, propósitos e sonhos e, muitas vezes, passamos a conviver com alguém que não conhecemos mais, tornando-nos ignorantes de nós mesmos.

Quando optamos por romper o padrão para viver o que de fato é importante em nossa VIDA, vamos perdendo algumas pessoas nesse ajuste de rota. Então, mais e mais dúvidas vêm à mente. Mas o que foi real?

Quando se corrige a sua rota, é necessário aprender a lidar com as adversidades e os desafios que se encontram pela frente, para, assim, poder se conhecer no sentido mais íntimo. É preciso conhecer nossos medos, fraquezas, anseios e inseguranças, para que possamos lidar com eles, e assim sabermos lidar com nossos lados de luz e sombra. Nosso mundo interior é um desconhecido. Percebemos que pouco ou nada sabemos de nós mesmos, porque fomos literalmente ficando para depois. Simplesmente não nos colocamos na nossa própria lista de prioridades.

Mas, novamente, O QUE É IMPORTANTE PARA MIM?

Quando você passa a se colocar como prioridade, começa a ter mais contato com o seu Eu e aprende a falar NÃO quando necessário ou quando algo não está na sua lista de desejos, ou quando simplesmente não é uma prioridade sua. A vida nos dá esse direito, inclusive de dizer não por dizer não. Mas daí, se preocupar com o que o outro vai pensar é um problema que não precisamos administrar.

É como se a cortina do teatro da vida se abrisse para um novo espetáculo em que você deixa de ser figurante e passa a ser protagonista, roteirista e diretor dessa nova história. História essa que passa a ser escrita a partir de um novo ponto de vista.

É necessário olhar para o retrovisor da vida como fonte de aprendizado e usar o presente como propulsor para ser aquele(a) que sempre gostaria de ter sido, mas que, por determinadas circunstâncias, você acabou impondo um hiato. Mas tudo tem um propósito, você tem alguma dúvida?

Se o caminho foi como foi, hoje é possível saber o que gostaria e o que não gostaria, o que é ou não importante para você e, principalmente, esses caminhos acabam por reforçar os nossos valores e o nosso propósito.

Seja VOCÊ o que há de mais importante na vida! Não tente se encaixar, isso te colocará de novo no padrão. Em um mundo cheio de aparências, o que há de mais importante é ser você mesmo, com todas as suas qualidades e defeitos. Importante é ser de verdade, inteiro, íntimo, e ser quem somos em essência, sem vergonha da nossa fragilidade e vulnerabilidade, sem se importar com o que os outros dizem, pois só você tem o poder de se fazer feliz. Quando expomos o nosso EU de um jeito puro e essencial, vivemos de fato a VIDA, aceitando-nos de forma incondicional, mesmo com nossas inconstâncias, acertos e erros, perdas, conquistas, alegrias e tristezas.

Se dizer "eu te amo" é importante para você, DIGA!

Se abraçar uma amiga sem motivo é importante para você, ABRACE!

Se conversar para resolver um problema com alguém importante é relevante, CONVERSE!

Se se apaixonar é importante para você, APAIXONE-SE!

Se arriscar é importante para você, ARRISQUE!

Se mergulhar no seu Eu para fazer uma reforma íntima é importante para você, MERGULHE!

Se ter alguém para amar é importante para você, AME! Mas antes de tudo, AME-SE!

Quando decidimos romper com certos padrões, naturalmente atraímos os olhares daqueles ao nosso redor, pois nossa mudança pode incomodar. Às vezes, nossa comunicação corporal é tão forte que não há como ignorar. E, mesmo assim, se alguém algum dia te cobrar por ser diferente, não se defenda nem gaste sua energia tentando justificar. Apenas acolha e reflita. Se necessário, peça desculpas, mas nunca se desculpe por priorizar a si mesmo! Agradeça pela contribuição que essa pessoa trouxe ao seu caminho e siga em frente na sua jornada interior. Se, por acaso, essa pessoa escolher partir, novamente, agradeça, pois o aprendizado já foi absorvido. Se optar por ir embora porque talvez não tenha tratado nossa história com a mesma consideração ou dado o mesmo valor à relação, não se preocupe — vai ficar tudo bem. O que realmente aquece o coração e a alma é a sensação de missão cumprida, pois, ao final, saímos dessa experiência mais fortes, mais sábios e mais alinhados com quem realmente somos.

VOCÊ ESTÁ ONDE REALMENTE GOSTARIA DE ESTAR?

Estamos vivendo em um mundo acelerado, ácido e egoísta, no qual o principal objetivo de cada indivíduo parece ser tornar-se alguém aparentemente imune, forte, imponente e, muitas vezes, insensível. Temos a falsa sensação de que, para ser essa pessoa, precisamos nos tornar frios, duros e impenetráveis.

A falsa sensação de ser imune aos sentimentos do mundo externo se manifesta quando olhamos ao redor e não nos sentimos tocados ao ver alguém pedindo algo para comer; é medir a pessoa da cabeça aos pés e, sem que ela diga uma palavra, diminuí-la, mesmo sem conhecê-la. Ser imune não significa ser indiferente ao que acontece à sua volta, mas sim como você reage a essas situações da melhor forma possível.

Muitas vezes, nos julgamos fortes e, de fato, somos, mas talvez essa fortaleza esteja apenas no personagem que escolhemos interpretar diante de uma sociedade contaminada e muitas vezes tóxica. É preciso parecer forte no ambiente de trabalho para não parecer imaturo, despreparado ou emocional. Como passamos a maior parte do tempo no trabalho, automaticamente vamos incorporando comportamentos que nos distanciam de nós mesmos. Precisamos adotar uma postura mais corporativa, emocionalmente distante de assuntos pessoais ou sensíveis, escolhendo cuidadosamente nossas palavras e, como resultado, deixando de ser totalmente sinceros. O comportamento vai se enraizando a tal ponto que, muitas vezes, ignoramos nossos próprios sentimentos em função do que os outros possam pensar ou fazer a respeito. Isso se acumula; sabe aquele cantinho difícil de limpar na cozinha, que exige que você se ajoelhe, se estique e se aproxime para entender qual produto é necessário para limpá-lo com eficiência? Com os sentimentos e nossas emoções é a mesma coisa: precisamos encarar e compreender o que se passa internamente para podermos limpar e arrumar nosso caminho.

Neste mundo em que temos que nos adaptar o tempo todo, nos distanciamos de nós mesmos e, consequentemente, não entendemos mais quais são nossos limites.

Estamos sempre aprendendo a lidar com nossas emoções, mas muitas vezes nos tornamos insensíveis ao que acontece aqui dentro, meramente pela necessidade (para os outros) de mostrarmos que somos emocionalmente equilibrados, maduros e proficientes em relação a nós mesmos. Veja, precisamos parecer para os outros, mas e para nós? O que sobra?

Será mesmo que temos que nos contentar com o pequeno espaço que nos resta, apenas por colocar todas as emoções em função de terceiros? Terceiros que muitas vezes nem estão presentes no nosso dia a dia e que pouco sabem sobre nós.

Nossas emoções são o que nos define; são integrantes dos nossos valores, que trazemos da nossa família. Refiro-me aqui a como reagimos às mazelas de um mundo tão egoísta, que pouco percebe o outro. Agora, uma pergunta que muitas vezes deixamos de lado e não ousamos responder: o que os outros pensam a seu respeito realmente é importante para você? Essa pergunta pode ser respondida com sinceridade, de maneira individual, silenciosa e íntima. Só assim você terá uma resposta verdadeira; do contrário, mais uma vez nos enganaremos e voltaremos a vestir a capa da invencibilidade.

Essa pode até ser uma decisão sábia, mas quando você tira essa capa de invencibilidade, o que resta de você? Quais emoções e sentimentos estão presentes em seus pensamentos neste exato momento? Você está ao lado da pessoa com quem realmente gostaria de estar? Está emocionalmente em paz com suas falas, decisões e atitudes? Você realmente está onde gostaria de estar e é quem realmente gostaria de ser?

O tempo todo nos adaptamos e nos organizamos para nos validarmos a partir da opinião dos outros, e repetidamente esquecemos dos nossos sentimentos, desejos, sonhos e até de nós, tornando-nos a segunda opção de nós mesmos. Sabe por quê? Porque ficamos o tempo inteiro nos adequando para caber em espaços que acreditávamos ser os mais adequados. Mas aqui não generalizo; há pessoas e ambientes que nos impulsionam e nos afundam. É uma questão de decisão. Parece simples, não é?

Mas, em minha opinião, não é, pois agora temos histórias, bagagens e vícios. Essas histórias nos trouxeram até aqui e nos carregam com bagagens de acertos e erros, conquistas e fracassos, amores e ilusões, alegrias e tristezas, satisfações e dissabores. Mais uma proposta: como foi sua jornada na conquista dessa bagagem? Esse 100% em você é realmente 100% seu? Mas pergunto: por onde entram os vícios? Em minha opinião, eles se manifestam em comportamentos: o vício de parecer mais feliz do que realmente está; o vício de ser uma pessoa que, de fato, não é; o vício de tentar repetidamente se encaixar e ser aceito pelo outro; o vício de dizer que está tudo bem quando não está; o vício de afirmar que é uma pessoa completa e realizada quando, no íntimo, sabe que não é. Mas por que tudo isso? Por que sabemos disso e continuamos a nos enganar? Aonde tudo isso está nos levando?

Talvez a mesma resposta que me cabe não seja a mesma que servirá para você, pois somos pessoas diferentes, com necessidades diferentes, aprendizados e histórias diferentes. Podemos até compartilhar histórias semelhantes, mas nossas decisões tendem a ser completamente diferentes. No entanto, uma premissa deve ser seguida: seja integralmente sincero consigo mesmo(a). Essa é a única maneira de encontrarmos as respostas que precisamos, pois somos os únicos que compreendemos nossos sentimentos e emoções. Vamos desligar o piloto automático, nosso padrão de nos encaixar nas expectativas dos outros, e vamos nos mostrar sensíveis e vulneráveis, pois o que conecta as pessoas são sentimentos, verdades e propósitos.

Deixe as pessoas que realmente importam terem acesso a você. Saia da fortaleza e se introduza ou reintroduza na vida daqueles que são especiais: pais, irmãos, primos, amigos e até Deus. Na nossa busca pela pessoa perfeita, a primeira coisa que esquecemos é da fé, porque não temos mais tempo, pois gastamos todo ele sendo o que não somos.

Reconecte-se; estabeleça acordos consigo mesmo(a)!

Priorize-se; faça somente aquilo que deixará você completamente satisfeito(a) e feliz!

Ame-se; aceite suas fragilidades, mas também valorize suas fortalezas, pois é esse conjunto que define quem você é e que será a base para você se tornar quem deseja ser a partir do ponto que escolher começar.

Permita-se; está tudo bem errar. Se acontecer, acolha-se! Está tudo bem; você fez o melhor que poderia ter feito com aquilo que tinha naquele momento! Agora você tem um aprendizado! Uma conquista!

Deseje-se; seja sua melhor companhia, sinta prazer em estar só com você ou com alguém, o importante é estar confortável com a sua decisão.

Ressignifique-se; toda caminhada nos leva a algum destino ou objetivo e, nessa jornada, nos deparamos com inúmeras situações impostas a nós. Não perca a beleza das flores, da estrada ruim, dos dias de sol e do frio que arde na alma, dos erros, dos acertos, das alegrias, das lágrimas, ou seja, cada um tem seu propósito. Aqui está o clichê mais dito e, ao mesmo tempo, o mais real que pode ser aplicado nesse contexto: "Mais importante que o destino é o caminho que fazemos para chegar até ele".

Dessa forma, nesta sua jornada, abandone a necessidade de se encaixar o tempo todo e aprenda a ser você, independentemente das situações que o cercam, pois nesse contexto você poderá tomar as melhores decisões para sua vida e para seu bem-estar.

QUE HISTÓRIA VOCÊ GOSTARIA DE CONTAR SOBRE A SUA VIDA?

Certa vez, ouvi uma história que me chamou muito a atenção. A narrativa era sobre um espetáculo, cheio de personagens, alguns com mais relevância, outros apenas figurantes, e outros com o poder de mudar o rumo de algumas histórias.

Essas histórias falam sobre família, amores perdidos ou reencontrados. Existem relatos que se misturam tanto com a nossa vida que chegamos a nos perguntar: em qual espetáculo estou? Esse espetáculo é planejado, roteirizado, estudado e só depois é colocado no palco do teatro; aqui, farei alusão à vida. Partimos de um planejamento maior que, muitas vezes, não conseguimos entender plenamente, e da importância dos personagens que passam por nossas vidas ao longo dessa caminhada.

Quando você parar para dar um salto no escuro do autoconhecimento, começa a entender as conexões, a duração de algumas coisas e por que algumas pessoas passam por nossas vidas tão rapidamente, enquanto outras permanecem conosco por longos anos. Precisamos refletir sobre nossos desafios familiares e, principalmente, sobre qual nível de consciência queremos ter sobre o mundo e sobre nós mesmos.

Essas são reflexões importantes para dar um pequeno passo em busca de nos tornarmos seres humanos melhores, primeiro para nós mesmos e depois para o mundo. Qual é o sentido de tudo isso? Os desafios? As adversidades? Os questionamentos — por que comigo e não com os outros? O que preciso compreender disso? Qual aprendizado devo absorver dessa relação?

Algumas marcas ficam tão entranhadas na nossa alma que se desvencilhar delas se torna uma tarefa praticamente impossível, pois nos impedimos de sair desse abrigo e nos tornamos vulneráveis por puro medo de vivenciar tudo novamente. Então vem a terapia, longas horas de relato, e naquele momento você até pensa que está se tornando uma pessoa mais consciente do mundo. Sai de lá com os pulmões cheios de ar, afirmando que vai dar um rumo diferente para as coisas. E o que acontece? No primeiro teste da vida real, é como se nossas pequenas conquistas não valessem nada e, de novo, voltamos para a coxia para replanejar o espetáculo, tentando harmonizar os personagens que julgamos serem os melhores e que mais agradam ao público. Mas essa é uma tarefa difícil, pois todos têm vivências diferentes e todos têm o livre-arbítrio para contar suas histórias do jeito que quiserem. Então, surge aquele questionamento: está valendo a pena? Onde estou e para onde quero ir?

Às vezes, bate a sensação de impotência e incapacidade de dar um rumo planejado para essa história, e começamos a nos colocar em posição fetal, tentando compreender tudo. É como se voltássemos a ser tão pequeninos e inofensivos em relação a nós mesmos e chegássemos a pensar que precisamos que outras pessoas façam as melhores escolhas para nós. Mas então vem a pergunta: sua história merece ser contada a partir do ponto de vista do outro? Permitir que toda a sua jornada seja encaixada na percepção de alguém que pode estar há pouco tempo na sua vida? Que tipo de personagem você quer ser na sua história: um figurante, que não tem direito a uma única fala e quiçá a uma decisão, movendo-se de acordo com a indicação do roteirista? É hora de olhar novamente para essa história e se perguntar: qual é a narrativa que quero contar no futuro?

Assuma o controle e comece a tomar decisões a partir dos seus desejos. É como uma criança que aprende a falar algumas palavras e, depois, enfrenta o desafio dos primeiros passos, tentando se equilibrar para não cair. Ela pode cair e chorar por alguns minutos, e está tudo bem. Acolha-se nesse momento. Não se esconda; a queda faz parte do processo para que você possa dar o impulso e continuar. Sabe o que é mais lindo em uma criança? Ela dá passos curtos, sorrindo, tentando se equilibrar. Quando cai, sorri ou chora, mas nunca desiste de chegar ao outro lado da sala.

Assim é a vida: no primeiro momento, somos personagens na concentração, prestes a serem introduzidos em nossas vidas, conforme vamos dando cada passo e fazendo cada escolha. Por trás dessa caminhada, existem aprendizados que precisam ser conectados para que o desfecho seja o melhor possível. Por mais que tenhamos um mapa mental sobre toda a nossa história, é impossível prever o que vai ou não dar certo. Precisamos ter a consciência de que, muitas vezes, fazemos escolhas erradas, e está tudo bem. Fiz, aprendi, e o mundo não vai parar por isso; a história precisa continuar a ser contada.

Já parou para pensar que tomamos decisões praticamente a cada minuto? Não querer ir viajar, não querer comer mais carne, não querer mais se relacionar com alguém que só te fez mal, não querer ficar em uma empresa que sabe que você é importante, mas não te reconhece, querer encerrar ciclos para que novos se abram, e por aí vai.

Nessa jornada, nem todas as decisões ou escolhas são fáceis de serem tomadas. Então começamos a condicionar: "E se eu fizer isso?", "E se eu decidir assim?", "E se eu optar por aquilo?". É uma sequência de "e se", e sabe onde ela se hospeda? Na fantasia, naquele mundo ideal que buscamos, muito longe daquilo que é real. Muitas vezes, ao decidirmos não fazer certas escolhas, ficamos nesse mundo ideal, que só existe em poucos centímetros quadrados do nosso universo.

Vamos resgatar o propósito da nossa história, porque temos o dever de contar a nossa própria narrativa a partir do nosso ponto de vista e das nossas escolhas. Assumir as rédeas dessa narrativa pode exigir que incluamos e/ou excluamos personagens. Não adianta ter uma história com 100 personagens cujas histórias sejam rasas e superficiais. Escolha ter personagens que te impulsionem e te ajudem a voltar a protagonizar o espetáculo da sua vida.

Quando tomamos a decisão de assumir o controle, começamos a perceber que o sorriso é muito mais do que o movimento de músculos no rosto; é algo que vem de dentro. O abraço não é apenas um encontro de corpos, mas um entrelaçar de carinho e conexão entre corações; sabe quando o peito se encosta e você sente o coração pulsar? Os gestos se tornam a tradução cristalina do quanto alguém é importante para nós. Percebemos que palavras ditas sem intenção se esvaem entre os dedos e vão embora com o vento. O amor está muito além do que se diz; está nas atitudes, nas falas, nos propósitos comuns, na liberdade e no respeito.

Diante disso, pare, olhe para a tela em branco do seu computador e escreva sua história. O que e como quero contar?

Neste momento, você tem no mínimo duas possibilidades: escolher contar uma história de novela das 18h, clichê, previsível e muitas vezes sem conexões complexas que não te dão oportunidade de aprender; ou uma narrativa em que o personagem é decidido, determinado e busca em si uma maneira de se colocar no mundo, apesar dos desafios do dia a dia e das decepções, sem se intimidar. O lema desse personagem é continuar "co-construindo" um enredo que oferece vastas oportunidades de evolução. E agora, qual história você vai escolher contar?

O tempo de indecisão não volta; a ampulheta do tempo diminui, minuto a minuto, sua oportunidade de ser você, inteiro, complexo e feliz. Os grãos de areia continuarão a cair continuamente, mas nunca permita que caiam sem propósito, sem história e sem cor. O tempo é para tudo e para todos; por isso, não espere as cortinas se fecharem para querer contar a sua história. O tempo pode ser curto para conquistar os aplausos que você realmente merece.

MINHA DECISÃO SOBRE MUDAR

Durante nossa jornada, há momentos em que nos deparamos com situações adversas que muitas vezes nos deixam confusos. Chegamos a duvidar de nossa capacidade de enfrentar mais um desafio.

A todo momento, pensamentos duvidosos surgem em nossa mente: "Como encarar isso?", "Como vou agir?", "Por que isso acontece comigo?". Essas são algumas das muitas perguntas que fazemos quando estamos em uma situação que requer paciência, resiliência e muito amor-próprio para superá-la.

É muito mais fácil assumir o papel de vítima das circunstâncias, acreditar que não conseguiremos sem ao menos ter tentado; ou seja, a fuga de si mesmo e da tentativa de se tornar alguém melhor é constante. Olhar para si e identificar suas fragilidades requer coragem, pois acabamos tirando das gavetas os nossos traumas.

Esse mergulho em busca do autoconhecimento é como um oceano: no horizonte, lindo, azul e brilhante, mas abaixo daquela linha, não se pode imaginar o que existe, quais adversidades encontraremos, quais tempestades enfrentaremos, pois é um ambiente desconhecido, ignorado e isolado. Enfrentar nosso eu interior é o primeiro passo para a mudança.

Quando você faz esse mergulho, deixa de ser o juiz do mundo e passa a ser somente você, dentro do seu conhecimento, dos seus limites e da sua privacidade. Ali, é você com você mesmo.

Esse processo de autoconhecimento não é simples, não é fácil e não é rápido; leva tempo e é um caminho sem volta. Desse mergulho, você sai com ferramentas que poderão te ajudar no dia a dia a ser uma pessoa melhor para os outros, para o mundo, mas, principalmente, para si mesma.

Quando você se dispõe de fato a se encontrar e se aperfeiçoar, o primeiro passo é se colocar vulnerável diante de si, aceitando seus defeitos e reconhecendo as coisas que te incomodaram, as decepções sofridas, e também as decepções que você causou, pois cometemos erros, e muitos, afinal somos seres humanos. Mas, por opção, vamos silenciando tudo isso, as experiências se acumulam no cantinho da desatenção, e acreditamos que ali permanecerão. Quanto mais tempo ignoramos, mais difícil fica para nos livrarmos dessas crenças limitantes e estagnantes.

Novamente surge a pergunta: mas vou ser capaz de passar por mais isso? Já me disseram tanto que chego a duvidar da minha capacidade. Então, para evitar novos transtornos, deixo tudo como está. Abandonar-se por crenças que não são nossas é um dos maiores erros que podemos cometer, pois nos afasta da nossa verdadeira essência e nos impede de viver de acordo com o que realmente acreditamos e somos.

Lutar pelo que se é é o maior ato de amor-próprio. Portanto, não desista de você. Olhe para todo o tabuleiro e reconfigure o jogo; se a estratégia não deu certo, mude-a! Faça isso um milhão de vezes, mas nunca pule do seu próprio barco.

A mudança nasce de nós, a partir da nossa necessidade e desejo de mudar. Por isso, olhe para suas imperfeições e aceite-as. Aprenda a valorizar mais suas qualidades do que seus defeitos. Aprenda a dizer "te amo" para si mesmo; muito mais do que dizer, faça. Ame-se intensamente e ininterruptamente. Aprenda a bloquear o vampirismo das nossas energias; se não for possível se afastar dessas pessoas, então não permita que sua energia vibre na mesma frequência que a delas. Aprenda que, a cada passo que você dá em direção ao seu objetivo, mais chances você tem de cair, pois isso gera desconforto. Se acontecer, acolha-se, perdoe-se e transforme o tropeço em um impulso para a força motriz do seu processo de mudança.

QUAIS SÃO AS SUAS SAUDADES?

Tudo está passando tão rápido que estamos perdendo tempo, amores e oportunidades, e, consequentemente, um pouco de nós a cada dia.

Vamos imaginar que um viajante do tempo chegasse até você e lhe desse a chance de recapitular toda a sua jornada até aqui. Quais seriam as suas saudades?

Saudade, segundo sites de busca, é: "Sentimento melancólico quando se afasta de algo ou de alguém" e "Ausência de experiências prazerosas já vividas". Levando para algo mais filosófico: "Presença incessante da ausência". Mas aqui vamos ser mais simplistas e realistas; chega de nivelar as coisas sob o ponto de vista ideal. Isso gera expectativa, que gera frustração e, por consequência, saudade de algo que nem se viveu.

Quando vejo retratos, quando sinto cheiros, quando me lembro do passado, sinto saudades de amigos que nunca mais vi, de pessoas com quem não falei ou com quem não cruzei mais. Sinto saudade da minha infância, do meu primeiro amor, do meu segundo, do terceiro. Sinto saudade do presente que não vivi e que agora é passado.

Sinto saudade do futuro planejado a partir de um passado não vivido, pois perdemos muito tempo levantando possibilidades e planejando encontros tão perfeitos que nem sequer aconteceram. Sinto saudades das pessoas que se foram, mas das quais não tive a oportunidade de me despedir, ficando apenas aquele adeus engasgado na garganta, lutando para sair de alguma forma.

Deixamos o tempo passar com tamanha maestria que, muitas vezes, perdemos a capacidade de existir. Vamos nos distanciando de tudo e de todos, pois, em um mundo cheio de padrões, nossa régua sobe para o outro, mas também sobe para nós mesmos, em dose dupla — para si próprio e pela régua do outro.

Essa régua tão alta faz com que nossa expectativa suba a níveis estratosféricos, de modo que qualquer pessoa que se aproxima de nós e não atende às nossas centenas de requisitos para ser um par perfeito, está descartada. Agora, uma reflexão: já parou para pensar que você passa por essa mesma lista? E, assim, as pessoas vão se distanciando uma das outras e não se permitindo a experiências, ao processo e ao autoconhecimento.

O tempo está passando tão rápido que os minutos parecem durar 47 segundos, e ficamos desejando mais tempo para fazer tudo aquilo que gostaríamos de fazer, mas só não fazemos porque estamos perdendo tempo construindo um muro de ilusões e fantasias, como se a vida fosse um conto de fadas.

Quando você não vive intensamente as oportunidades, vai perdendo o poder de construir histórias e, consequentemente, de sentir saudades reais. O tempo está passando tão rápido que já sinto saudades de coisas que nem sei se existiram.

O tempo está passando tão rápido que estamos perdendo a sensibilidade e a empatia, e nossas relações estão cada vez mais egoístas e individualizadas; por consequência, estamos ficando mais frios e distantes.

O tempo está passando tão rápido que sinto saudades dos livros que li e que me fizeram viajar para mundos ideais. E quando retornamos ao real, nosso desejo é voltar para as páginas de um livro que, muitas vezes, conta histórias que nunca existiram.

Dentro do seu tempo, você quer que a sua história seja contada em um livro de ficção ou em um daqueles que têm expressas, em letras garrafais na capa: BASEADA EM UMA HISTÓRIA REAL? E então, qual seria a sua decisão? A experiência ou a ilusão?

ONDE FOI QUE EU ME PERDI?

Em nossa caminhada, encontramos muitas pessoas e inúmeras situações que nos colocam em xeque praticamente o tempo todo. Nesse momento, você se posiciona com sua opinião ou se deixa levar e entra em um looping do qual é praticamente impossível sair?

Quando ainda somos crianças, enfrentamos nossos medos sem receio do que vão falar ou do que vão fazer. Hoje, chega a ser bobo, mas nosso maior medo era se nossa mãe iria descobrir. Com o passar do tempo, nossas preocupações começam a ser outras: faculdade, trabalho, boletos e outras pequenas inquietações. Entretanto, quando o medo nos limita e nos paralisa, faz com que percamos a nossa capacidade de perceber o mundo à nossa volta e, como consequência, perdemos a cada dia um pouco do nosso EU.

Nosso bem maior é o que de fato somos em essência: puros, verdadeiros e simples. Porém, com a nossa necessidade de sempre nos encaixar nos diversos ambientes que percorremos em nossa jornada, vamos deixando um pouquinho dele pelo caminho. Quando paramos para perceber isso, quase já não nos reconhecemos.

Deixamos de ser quem somos quando assistimos a algo que destrói nossos valores e mesmo assim não nos posicionamos. Deixamos de ser quem somos quando ouvimos algo sobre alguém e não dizemos nada, mesmo sendo algo injusto e que não acreditamos. Deixamos de ser quem somos sempre que renunciamos a algo que é importante para nós e não falamos sobre isso, mesmo que essa decisão seja democrática por estarmos em um grupo.

Deixamos de ser quem realmente somos quando tentamos ser alguém que, nem de longe, se assemelha a nós, apenas para fazer parte de um grupo, mesmo que isso não nos traga mais felicidade. Deixamos de ser quem somos quando não acreditamos mais em nosso potencial, pois em algum momento alguém nos colocou nesse lugar e agora está difícil de sair. Deixamos de ser quem somos quando acreditamos que o outro é melhor que nós. Nunca deveríamos pensar assim; somos singulares, com características diferentes que podem se complementar, mas nunca se sobrepor.

Deixamos de ser quem somos quando perdemos nossa capacidade de acreditar que somos capazes de tudo. Deixamos de ser quem somos toda vez que estamos em algum lugar e perdemos a nossa percepção de pessoas interessantes e apaixonantes pelo simples fato de nos colocarmos em um lugar menor do que merecemos. Deixamos de ser quem somos toda vez que perdemos a nossa capacidade de mostrar e afirmar para o mundo quem somos de verdade: inteiros, intensos e verdadeiros.

Ao longo desse caminho, se não fizermos paradas estratégicas para refletir "Onde foi que me perdi?", continuaremos a caminhar sem perceber que precisamos ajustar a rota. Fazer esse exercício e tentar entender em que momento você se deixou de lado é essencial. A partir daí, devemos traçar uma rota para o reencontro e resgatar nossa essência ou qualquer outra parte de nós que pudemos ter deixado para trás.

Deixe de praticar o maior dos males da humanidade: a comparação. Sempre que nos comparamos com alguém, nunca é em pé de igualdade, pois nossa régua interna é muito maior conosco do que com os outros. Toda vez que fazemos uma comparação, vamos perdendo a nossa capacidade de acreditar em nós mesmos. Essa régua interna é tão alta que sempre estamos atrás de alguém, e isso está completamente errado. Nosso lugar não é na frente, nem atrás; em qualquer relação, nosso lugar e o de qualquer outra pessoa será sempre ao lado. Nunca aceite menos do que você realmente merece. Esse complexo de inferioridade pode estar enraizado e imperceptível em nosso comportamento, a ponto de já não nos reconhecermos. Sempre que se perceber repetindo comportamentos tóxicos consigo mesmo, reflita, reposicione-se e mude de lugar; volte para o seu lugar merecido, o de destaque na própria trajetória.

Sair desse lugar é um processo, e todos os dias serão desafiadores. Haverá dias em que falharemos, e está tudo bem falhar. Nesse momento, acolha-se, perdoe-se e siga adiante. Lembre-se: comemore sempre que reconhecer que saiu do círculo vicioso; por menor que seja, é uma conquista.

NADA PODE CUSTAR TUDO

Quase todos os dias, ouvimos a expressão "Custe o que custar" aplicada de diferentes maneiras: seja para insistir em algo que queremos que cesse, para destacar o esforço necessário para alcançar um objetivo, ou até mesmo para alertar sobre o que devemos evitar, transmitindo, muitas vezes, a ideia de que tudo tem um preço e que precisamos estar dispostos a pagar, independentemente das consequências.

Mas será que a frase "Custe o que custar" deve ser seguida de maneira literal? Quando ouvimos essa frase sendo usada em alguma situação, dá a entender que a pessoa fará qualquer coisa para atingir aquele determinado objetivo. Aqui eu digo tudo, tudo mesmo. Mas será que vale mesmo tudo ou quase tudo para conquistar algo? O que você deseja é de fato o que precisa? O que você deseja é o que realmente quer?

Nada pode custar tudo; algumas coisas deveriam ser inegociáveis, como nossos princípios e nossos valores. Tudo o que entra em desacordo com aquilo em que verdadeiramente acreditamos deveria, automaticamente, ser algo que reconhecemos em nossa consciência, com clareza. Devemos ser capazes de identificar, com firmeza, o que ressoa com nossa essência e o que nos afasta dela, sem hesitar, pois nossa intuição e valores já nos guiam nesse processo de discernimento.

Todos os dias, ouvimos a expressão "custe o que custar", seja na conversa sussurrada no corredor, onde nos esforçamos para que alguém envolvido não escute; naquela relação pessoal que ultrapassa os limites do profissional; naquela fofoca que nasce da intenção de maldizer alguém; naquela conversa importante que foi deixada de lado; ao menosprezar o outro, tanto no âmbito pessoal quanto profissional; naquela paixão quase conquistada, mas que se perde no caminho; ou até na oportunidade que deixamos escapar. Mas, será que, ao usarmos essa expressão, estamos realmente cientes do preço que estamos dispostos a pagar? Ou será que estamos apenas seguindo um impulso, sem refletir sobre as consequências de nossas escolhas?

Somente a partir desses exemplos, reflita: você já praticou alguma dessas situações com alguém ou já foi vítima de uma delas? Se foi vítima, qual foi a sensação que teve quando se deu conta? Se praticou com alguém, valeu mesmo a pena?

Todos os dias somos colocados à prova e temos frações de segundo para tomar uma decisão e nos posicionar, mas, quando sabemos e estamos convictos de quem somos, não deveria ser uma decisão muito difícil.

Se foi uma decisão difícil, talvez você esteja negociando algo que não deveria. Tudo que nos faz perder um pouco de nós nem deveria ser uma opção. Se, na vida, para conquistar algo, deve-se ceder nossos principais valores, talvez tenha chegado o momento de repensar.

Quais são os principais valores que você considera inegociáveis em sua vida? Você já se encontrou em uma situação em que precisou negociar seus princípios? Como isso te fez sentir? O que você faria para reconquistar uma parte de si mesmo que sente que perdeu em prol de uma conquista? Como você pode garantir que suas decisões estejam alinhadas com quem você realmente deseja ser? Quais são os sinais que indicam que você está se afastando de quem realmente é? O que você pode fazer para reforçar seus valores e evitar ceder a pressões externas no futuro?

Para concluir, vamos refletir sobre nossos valores e a autenticidade de nossas escolhas. Pergunte a si mesmo(a): quais princípios são inegociáveis para mim? Ao identificar esses valores, fica mais fácil perceber quando estamos nos afastando de quem realmente somos. Os sinais de desconexão são importantes, não os ignore.

Para garantir que suas decisões estejam alinhadas com sua verdadeira essência, considere desenvolver práticas diárias que reforcem seus valores, como a autoavaliação, o autocuidado e principalmente o autoamor. Lembre-se de que cada escolha deve refletir quem você deseja ser, e não o que os outros esperam de você. Nenhuma das nossas escolhas deve custar tudo.

REFLEXOS E PADRÕES: O QUE VOCÊ VÊ?

Vamos correlacionar esta narrativa a uma história muito famosa, em que a princesa foi vítima da vaidade de uma rainha cujo espelho dizia que ela era a mulher mais linda do reino. Claro que não contaremos um conto de fadas, mas para exercitar aquilo que todo espelho oferece: nosso próprio reflexo. Diante dele, o que você vê?

Você está totalmente satisfeito com o que vê? Primeiro, vamos analisar o que conseguimos perceber. Quais defeitos você vê em si mesmo? Seus olhos e seus cabelos são como você gostaria? Olhe novamente e observe cada um deles. Reflita: por que eles te incomodam tanto?

Talvez você chegue à conclusão de que gostaria que fossem diferentes; essa é a resposta mais óbvia que podemos encontrar. Mas será que é só por isso? Colocamos um padrão a partir daqueles que nos cercam, pois a grama do vizinho sempre é mais verde. Sabe por que sempre olhamos dessa forma? Porque estamos a todo momento nos comparando com alguém. Estamos estabelecendo padrões a partir daquilo que observamos e acompanhando nas redes sociais.

As redes sociais estão repletas de fotos que registram um instante, um sorriso. Porém, por de trás de algumas dessas imagens, pode haver lutas silenciosas, tristezas profundas ou batalhas internas. Toda vez que buscamos nos padronizar, perdemos nossa autenticidade. Ao invés de nos compararmos, que tal valorizarmos a autenticidade das experiências que cada um vive?

Se todos os esforços que você tem aplicado têm relação com se sentir bem consigo mesmo(a), elevando sua autoestima, autoconfiança e amor-próprio, está tudo certo, pois todos têm o direito de fazer o que for possível para se sentir feliz. Entretanto, se tudo o que você faz é apenas para que as pessoas também te olhem, te admirem e te desejem, como você escuta, isso não vai funcionar. Aliás, pode até funcionar por um período, mas logo você vai se comparar novamente e sentirá como se faltasse algo. Essa falta recorrente se chama frustração.

Ao se olhar no espelho, permita-se ver além das imperfeições. Reconheça suas qualidades e a beleza única que você traz ao mundo. Diga a si mesmo que você é valioso(a) e que cada desafio que enfrenta contribui para sua força. Sua inteligência, esperteza e determinação são características que fazem de você alguém admirável.

Lembre-se de que lutar por seus princípios é uma prova de coragem. Mesmo quando o ambiente ao seu redor parece desestimular, mantenha a fé nas conexões humanas e nas relações que cultivou. Sua essência, marcada por um coração grande, é o que realmente importa. Valorize quem você é e celebre cada passo dessa jornada. Afinal, sua história é feita de conquistas e aprendizados que te tornam extraordinário(a).

Certa vez, ouvi algo que me tocou profundamente: ao buscar feedback, tendemos a nos concentrar apenas no que precisamos melhorar, focando no que nos falta em vez de reconhecer nossas qualidades. Damos tanto destaque ao nosso lado sombra que, muitas vezes, esquecemos da luz que também habita em nós.

Essa reflexão nos convida a adotar uma perspectiva mais equilibrada. É igualmente essencial valorizar nossas conquistas, por menores que sejam, e celebrar cada passo dessa jornada. Afinal, cada pequena vitória é um lembrete de que somos capazes e dignos de reconhecimento. Vamos recontar essa história sob uma nova perspectiva, abraçando nossa singularidade sem nos moldar aos padrões.

Cada um de nós é uma mistura rica de qualidades e defeitos, e é vital que nunca deixemos nossos erros ofuscarem nossas virtudes. É belo reconhecer que somos feitos de acertos e falhas, de alegria e tristeza, de luz e sombra, de amor e dor. Essa ambiguidade é parte essencial da nossa jornada; cada aspecto de nós serve para nos ensinar, nos transformar e nos fazer crescer. Portanto, valorize a dádiva que Deus te concedeu: a chance de ser único e de brilhar em meio à multidão. Celebre sua diferença e lembre-se de que sua autenticidade é o que realmente importa.

COMO ENCONTRAR AS RESPOSTAS DENTRO DE SI

Vivemos em uma era de informação rápida, com notícias subindo nos sites e nas redes sociais, viralizando em questão de segundos. O tempo inteiro é assim, 24 horas por dia, e consumimos isso quase que instantaneamente.

Muitas vezes, estamos trabalhando, abrimos o celular e buscamos por mais atualizações que, muitas vezes, não agregam em nada à nossa vida. Ficamos tão focados na desinformação que desperdiçamos aquele tempo em que estamos sozinhos, quando poderíamos aproveitar esse silêncio, silenciando os pensamentos, deixando-os descansar, ou seja, aproveitar intensamente aquele minuto consigo mesmo(a). Mas, para nós, essa tarefa é difícil; esse silêncio torna-se ensurdecedor. Em vez de nos incomodarmos com o barulho externo, nos incomodamos com o nosso silêncio interno.

Em um mundo repleto de informações na ponta dos dedos, vamos perdendo gradativamente a capacidade de refletir, repensar, compreender e direcionar. A todo instante, vem nova informação, e o que vimos há minutos já está obsoleto. Os pensamentos tornam-se rápidos, vazios e até superficiais.

Temos inúmeras oportunidades de nos ouvir, mas também de escutar um amigo que se senta ao seu lado para contar uma história importante para ele. Contudo, em vez de olhar nos olhos e dedicar toda a atenção, estamos passando os stories do Instagram. Essa mesma situação acontece com chefes, colegas de trabalho, nossos pais, ou seja, com todo mundo. Quase nunca estamos 100% presentes, o que nos distancia de conexões sinceras e profundas. Esse padrão de ausências recorrentes deveria servir como um ponto de partida para reflexão. O que nos impede de estarmos totalmente presentes nos momentos de escuta com os outros? Como você se sentiria se isso acontecesse com você? E, no fundo, o que isso revela sobre nossa capacidade de nos conectar verdadeiramente com o outro?

A vontade de querer estar presente em todos os lugares, acaba nos deixando ausentes de tudo e todos. A necessidade de pensar e ser produtivo o tempo todo, nos deixa cada vez mais com a mente vazia, superficial e sem oportunidade de refletir.

Quando vamos parar para realmente escutar o que precisamos ouvir? Quando vamos encontrar espaço no nosso dia para o silêncio e a reflexão? Quando seremos capazes de silenciar os pensamentos acelerados da correria diária? Quando vamos nos ouvir de verdade? E, mais importante, quando seremos capazes de ouvir o outro com autenticidade?

Você já ouviu dizer ou já percebeu no dia a dia que é na hora do banho que vêm as grandes ideias? Já aconteceu com você? Isso ocorre porque é um dos poucos momentos em que somos obrigados a silenciar. Em algumas ocasiões, seja em uma roda de conversa ou em uma reunião, nos sentimos obrigados a falar algo, e muitas vezes nós mesmos ou outras pessoas tornam-se repetitivas em suas falas, ou trazem questões que não agregam em nada àquela discussão. Portanto, saber silenciar também é fundamental. Pense antes: minhas contribuições vão agregar? Trarão novos pontos de reflexões ou caminhos para uma possível solução? Se a resposta para suas perguntas for não, manter-se em silêncio será uma decisão sábia.

O silêncio é uma ferramenta poderosa. Falamos muito e ouvimos pouco, principalmente a nós mesmos. Já deve ter ouvido "que todas as respostas estão dentro de nós", mas por que é tão difícil encontrá-las? Porque o silêncio nos incomoda.

Quando alguém vier contar alguma vantagem, não entre em debate; silencie. Quando alguém vier te falar algo que te chateie, não debata na hora; silencie, reflita e, se necessário, converse depois. Quando alguém vier te contar sobre planos ou projetos, escute; se não tiver uma contribuição, silencie. Quando alguém vier te apresentar algum material, escute; se não tiver uma contribuição, silencie. Quando olhar suas redes sociais e não ver o que te agrada, repense, silencie e avalie o tamanho e a importância que aquilo tem na sua vida. Quando alguém vier te contar sobre um relacionamento que você acha que não vai dar certo, escute e silencie.

Escolher silenciar não é sinônimo de resignação, mas sim uma prática consciente de discernimento. Trata-se de entender a importância de quando e como nos expressar, permitindo que nossas palavras tenham um verdadeiro peso. Em um mundo carregado de ruídos, o silêncio pode ser um ato de resistência e uma oportunidade para a autopercepção.

Quando falamos apenas por necessidade de nos fazer presentes, caímos em um erro: trazemos à tona nossos vieses inconscientes, o que nos leva a julgar em vez de contribuir de forma genuína. É fundamental que cada um de nós aproveite os momentos de silêncio, permitindo que essa energia flua pelo corpo, sem bloquear nenhum pensamento que surja nesse processo. Ao silenciar, criamos espaço para a reflexão e, assim, podemos cultivar conexões mais autênticas e significativas.

Refletir é um movimento cíclico em que devemos nos preocupar com tudo o que consumimos, de fora para dentro, mas também com aquilo que oferecemos, de dentro para fora. Sabe aquela frase famosa: "A boca fala do que o coração está cheio"?

O silêncio é um tesouro que temos e que usamos pouco. Ao silenciarmos, criamos um espaço para refletir sobre nossas emoções e pensamentos. Há momentos em que o silêncio se torna uma premissa essencial, não apenas para evitar o ruído desnecessário, mas para abrir portas para reflexões, novas ideias e conexões autênticas.

Quando silenciamos de forma plena e verdadeira, conseguimos refletir, pensar, desenvolver e encontrar muitas respostas para nossas perguntas. Esse espaço de quietude nos permite aprofundar o autoconhecimento e cultivar a empatia, tanto por nós mesmos quanto pelos outros. Portanto, aproveite essa oportunidade a seu favor. O silêncio tem poder, só precisamos saber utilizá-lo.

NÃO FAÇA DA SUA FELICIDADE UM TRABALHO DE ALGUÉM MAIS

A todo momento, condicionamos nossa felicidade a conquistas, como se só pudéssemos ser felizes ao alcançar algo específico. Entramos em uma busca que parece nunca ter fim, como o horizonte no mar: cada vez que nos aproximamos, ele parece ficar ainda mais distante.

O tempo vai passando e, por medo do julgamento e do que os outros vão pensar, deixamos de fazer muitas coisas que realmente importam. Simplesmente deixamos passar, como se o tempo estivesse a nosso favor. Sempre surge algo antes: encontrar o emprego dos sonhos, adquirir o tênis mais desejado do momento, fazer uma nova pintura na casa antes de receber as pessoas, adiar a viagem dos sonhos para não ir sozinho, comprar uma roupa nova apenas para ir a uma festa. É uma condicionante eterna, mas será que teremos esse tempo?

Será que o emprego dos nossos sonhos não é aquele em que nos sentimos bem? Será que para alguém nos paquerar precisamos de um par de tênis e uma camisa nova? Será que teremos tempo para concluir a pintura da nova casa antes de receber as pessoas importantes na nossa vida?

No jogo da vida, não temos direito ao "replay"; simplesmente os segundos vão se acumulando e, com isso, perdemos a oportunidade de estar no presente, vivenciando a experiência e os aprendizados. Lembre-se: o próximo segundo não nos pertence e não sabemos se o teremos. Portanto, antes de fechar as cortinas da vida, aproveite as oportunidades de ser e estar feliz.

Abandone as armaduras dos julgamentos míopes. Liberte-se dos medos que te paralisam. Aproveite a chance de ser importante na vida de alguém e, se há alguém importante na sua vida, faça questão de que essa pessoa saiba disso. Para dizer que ama, basta um gesto; as palavras são apenas uma formalização.

Aproveitar cada momento é um convite para viver plenamente e aprender com cada experiência. Nossa felicidade não depende dos outros, mas sim do profundo desejo de sermos autênticos e de estarmos em paz com nós mesmos.

Todos os dias temos nova oportunidade de cultivar gratidão pelas pequenas coisas. Portanto, abrace a sua singularidade e respeite a sua individualidade, ao nos libertarmos das expectativas alheias, garantimos a direção da nossa jornada.

A transformação começa dentro de nós. A verdadeira felicidade é uma escolha interna e só nós podemos fazê-la.

É PERMITIDO SE APAIXONAR, MAS NÃO ESQUEÇA DE SI

Ao longo da nossa vida, nos apaixonamos diversas vezes. Algumas paixões deixaram boas recordações e outras nem tanto. Mas o que é se apaixonar? Em uma pesquisa na internet, encontramos a definição: "despertar, inspirar paixão ou forte atração". Trazendo isso para um contexto mais real, pode-se dizer que se apaixonar é "gostar de uma pessoa mais do que o normal".

Na maioria das vezes, as paixões são efêmeras, com horários marcados para entrarem e saírem de nossas vidas. No entanto, algumas despedidas deixam marcas profundas, como se uma parte do nosso coração fosse arrancada, fazendo o que resta congelar em um estado de dor. Com o tempo, essa dor pode nos levar a perder a capacidade de nos apaixonarmos novamente. Cada cicatriz se transforma em um lembrete do que fomos e do que sentimos, tornando-se um peso que carregamos.

Essas partidas bruscas de nossas paixões nos afastam desse sentimento, escondendo aquele amor puro que nasce no encontro de duas pessoas. Tentamos nos blindar de possíveis decepções, mas nos enganamos. Essa falsa sensação de autoproteção nos impede de viver; quando deixamos de nos relacionar, deixamos de aprender. Afinal, estamos aqui para evoluir, e isso significa nos relacionar, conhecer pessoas, trocar experiências e aprendizados — não é sobrepor ou diminuir ninguém, mas somar à vida de ambos.

Já ouvi e já falei muitas vezes a frase: "Que preguiça, amanhã tenho que mandar mensagem". Isso não só nos blinda, mas também afasta os outros, impedindo-os de se conectarem conosco e, assim, criarem conexões de aprendizados.

Algumas vezes, deixamos que nossas decepções se tornem maiores que os momentos felizes que compartilhamos. É como se tijolos fossem sendo colocados ao nosso redor, formando uma fortaleza na tentativa de nos proteger, para que não experienciemos tudo novamente.

Desconstruir essa muralha é um desafio constante. Mesmo quando nossos sentimentos clamam: "Eu quero viver isso!", os hábitos tóxicos emergem, e a desconfiança sussurra, ameaçando tudo que construímos. Nesse momento, é fácil recuar e nos esconder em nossa fortaleza, protegendo-nos de experiências que poderiam nos enriquecer.

Antes que nosso tempo se encerre, vamos ressignificar nossas experiências decepcionantes e vê-las como fontes de aprendizado, afinal, elas ajudaram a moldar quem somos hoje. Somos seres humanos, e não nascemos para ficar sozinhos; precisamos nos relacionar e, aos poucos, abandonar os padrões de fuga para dar a nós mesmos a chance de vivenciar novas paixões e experiências.

Permitir-se viver não é ignorar o que passou, mas sim entender o que não foi bom e usá-lo como aprendizado, lembrando que ninguém é igual a ninguém. Naquele momento, fizemos o que pudemos com o repertório e a experiência que tínhamos. Acolha-se! Está tudo bem, a vida é isto: viver. Com esses aprendizados, podemos, todos os dias, escrever novas histórias, conhecer novas pessoas e nos apaixonar uma, duas, dez ou mil vezes.

Mas lembre-se: valorize todos os momentos — os tristes e os felizes, os de amor intenso e os de raiva. Aprenda com cada um deles. Os momentos tristes servem para valorizarmos ainda mais os momentos felizes, e a raiva é um indicador de que algo está passando dos limites, sinalizando a necessidade de recuar, refletir e, só depois, avançar. Em qualquer relacionamento, as pessoas vão cometer erros, eles são inevitáveis. Entretanto, conversando abertamente, conseguimos deixar as mágoas no passado, aliviando a carga emocional que poderia nos sufocar.

Permitir-se ser vulnerável não é fraqueza, é um encontro com a liberdade e um ato de coragem. Afinal, a vida é uma sequência de encontros e desencontros, cada experiência contribui para nossa jornada, e cabe a nós valorizá-las. Portanto, abracemos os momentos bons e ruins, pois eles sempre ensinam algo novo sobre nós mesmos e sobre o amor.

VOCÊ, SOMENTE VOCÊ

Desde criança, somos cobrados por nossos pais a nos comportar perto das pessoas, que impõem uma avalanche de comportamentos limitantes: "Não faça isso", "Homem não chora", "Não converse com pessoas que não conhece", "Você não pode fazer isso", e assim vai. São tantas crenças que vamos nos moldando a sermos seres humanos programados para se encaixar frequentemente nos padrões tidos como "normais".

Sabe qual é o risco de sempre tentar se encaixar nesses padrões considerados "normais"? Vamos esquecendo de nós mesmos, de quem somos e, principalmente, de quem gostaríamos de ser. A cada comportamento reprogramado, perdemos um pouco da nossa autenticidade e da nossa verdadeira essência.

Se você é mulher: não pode ficar com quem e quantos quiser; não pode ter um dia fora do padrão, pois a sociedade impõe padrões de beleza e comportamento; sente que deve se sacrificar em prol dos outros, deixando suas próprias ambições em segundo plano. A sociedade pode ser muito cruel, ao mesmo tempo que quer que sejam submissas, espera-se também que sejam fortes e autênticas. O julgamento para as mulheres sempre é mais severo quando os padrões "normais" sofrem algum desvio.

Se você é homem: não pode demonstrar sua vulnerabilidade, porque isso é visto como fraqueza; se cede a uma mulher, a sua masculinidade é questionada, pode ser considerado sem pulso e autoridade; em qualquer sinal de sensibilidade, volta a ideia preconceituosa de que homem ter que ser sempre forte, desvalorizando uma reação empática e sufocando a sua identidade e até a sua autenticidade.

Se você é gay, a situação se complica ainda mais, pois é necessário deixar de lado a própria identidade o tempo todo. O homem é considerado feminino demais ou a mulher, masculina demais. Ambos são frequentemente excluídos de oportunidades pessoais e profissionais e julgados pelo que vestem, comem e falam. Isso torna as pessoas cada vez mais reprogramadas, perdendo sua naturalidade para passar despercebidas nas ruas, em locais públicos e até mesmo dentro da própria família, pois muitas vezes são pessoas de fora da família que acolhem os filhos LGBTQIA+.

São tantos comportamentos padronizados que recebemos durante toda a vida que até ser quem realmente somos tornou-se uma tarefa apenas para os corajosos, quando deveria ser o normal. Pense: um dia tem 24 horas; dormimos 8 horas, restando 16 horas em que nos deslocamos, trabalhamos e estudamos, dentro dessa jornada nos adequamos a crenças e percepções dos outros.

E para você? Quando será o momento de deixar esse lugar? Quando vamos abandonar esses comportamentos carregados de preconceitos? Quando romperemos as barreiras que impomos a nós mesmos para não ferir a percepção dos outros? Até quando nossa verdade e identidade ficarão em segundo plano? Como podemos resgatar nosso EU e nossa essência? É mais fácil se aprisionar em nós mesmos do que enfrentar os julgamentos alheios, que muitas vezes se baseiam em crenças e visões de mundo que nada têm a ver com quem realmente somos.

Não é um processo fácil, pois fomos programados para nos encaixar, e quando fugimos do roteiro, somos julgados e até recriminados por isso. Mas será que vale a pena se esconder apenas para atender às expectativas alheias? Como ficam as nossas necessidades individuais? Quando vamos nos priorizar?

Esse é um exercício diário que requer disciplina, pois um único deslize pode nos levar de volta à estaca zero, ou seja, à caixa em que nos colocamos. Seja generoso(a) consigo mesmo(a); está tudo bem errar. Reconheça o erro e aprenda com ele, mas não deixe que isso te impeça. É hora de trancar a caixa de padrões e julgamentos, permitindo que sua essência se manifeste livremente, sendo quem você realmente é, e não o que os outros esperam de você.

Cada um tem sua própria visão de mundo e suas necessidades, por isso haja de acordo com o que realmente quer, pois ninguém melhor do que nós mesmos para saber o que nos traz verdadeira felicidade.

DA PASSAGEM À PERMANÊNCIA: REORGANIZANDO AS RELAÇÕES

Ao longo da nossa caminhada, nos relacionamos com diversas pessoas. Algumas simplesmente passam por nossas vidas como se nada tivesse acontecido; outras permanecem por um determinado tempo e depois se vão; e outras simplesmente ficam, em uma conexão que transcende a amizade, tornando-se "irmãs". Quais pessoas em sua vida foram passageiras, e quais deixaram uma marca mais duradoura? O que as torna diferentes para você?

Mesmo que a passagem das pessoas seja breve, elas sempre deixam algum aprendizado, tanto para você quanto para elas. Não permanecem por um tempo determinado, mas ficam o suficiente para que ambas possam aprender algo valioso. Você consegue perceber as lições que essas pessoas nos deixam, mesmo que o tempo ao lado delas tenha sido curto?

Algumas pessoas passam por nossas vidas e fazem uma estadia de alguns anos. Durante esse tempo, vamos aprendendo mutuamente, quebrando barreiras que cada um tinha dentro de si e com as quais não sabíamos lidar. É como se estivéssemos com as mãos atadas, sem saber qual truque de mágica utilizar para soltá-las e viver livremente. Esse viver livremente é, antes de tudo, um processo contínuo. As pessoas vão, aos poucos, desatando suas amarras, como se o fizessem por necessidade de proteção. Elas soltam um pouco, você vive, comete erros, corrige e, com o tempo, vão liberando mais, até que finalmente podemos experimentar a liberdade plena. Mas esse aprendizado também ocorre do outro lado, embora visto através da lente dos medos e traumas únicos de cada pessoa que, muitas vezes, impede sua própria capacidade de libertação.

É um encontro de duas ou mais almas, cada uma trazendo consigo uma bagagem única de experiências, medos e sonhos. Esses encontros nunca são por acaso; eles carregam a promessa de aprendizados mútuos, muitas vezes intensos, e, por vezes, dolorosos. O que se compartilha nessas relações vai além das palavras; são gestos, olhares e silêncios que nos revelam mais do que imaginamos sobre quem somos. Por exemplo, imagine uma pessoa que expressa seus sentimentos com facilidade, que se entrega ao amor sem medo e se comunica com o coração aberto. Ela parece ter um entendimento profundo sobre suas emoções. Mas, do outro lado, há alguém que luta para se conectar com esse mundo interno, alguém que guarda os sentimentos dentro de si, hesita em compartilhá-los e se perde em sua própria dificuldade de se expressar.

Essa troca, tão intensa e verdadeira, é um convite à evolução. O que ambos ensinam um ao outro pode ser a chave para destravar novas formas de ser. *Você já se perguntou o que aprendeu com aqueles que são tão diferentes de você?* Quando essas pessoas se vão, deixam um vazio, mas também uma marca — o aprendizado que compartilhamos nunca se apaga. *Você consegue ver as lições que ficaram em você depois da partida de alguém?* Mesmo que o tempo juntos tenha sido curto, essas relações nos ajudam a desconstruir as barreiras internas que não sabíamos que existiam. Elas nos mostram, muitas vezes sem palavras, o que precisamos mudar em nós mesmos. *O que essas relações têm a dizer sobre o que você ainda precisa aprender?* Quando alguém parte, resta o que foi transformado e a gratidão por cada pedaço de si que você foi capaz de revelar e curar.

Eu ouvi, em um podcast de Fernanda Paes Leme e Giovanna Ewbank, *Quem Pod Pode*, uma analogia feita por Fernanda que me marcou profundamente: *"O lugar que a pessoa ocupa na minha prateleira talvez não seja o mesmo que eu ocupo na prateleira dela, e está tudo bem. Preciso reorganizar os lugares novamente na minha prateleira"*. Essa afirmação é muito verdadeira e nos faz refletir sobre o grau de importância que atribuímos às amizades, às necessidades e aos desejos.

Às vezes, colocamos pessoas em um lugar especial da nossa vida, um lugar "premium" na nossa prateleira emocional. No entanto, o que esquecemos é que, se elas escolherem não estar mais ali, não podemos forçá-las a permanecer. A vida está em constante transformação, e as pessoas também. Algumas partidas deixam uma dor profunda, outras não são tão pesadas, mas todas nos trazem um certo vazio. Você já se perguntou por que a partida de algumas pessoas dói tanto?

O mais importante, no entanto, é entender que não podemos carregar conosco um peso de culpa ou arrependimento. Cada partida é uma oportunidade de crescimento, de aprender a deixar ir sem nos perdermos no caminho. Será que estamos realmente prontos para soltar o que já não faz mais sentido para o nosso presente?

Há pessoas que chegam do nada e, surpreendentemente, ficam. São relações improváveis, unindo pessoas com personalidades tão distintas, mas que, ainda assim, aprendem a conviver de forma pacífica e rica em aprendizado. Claro que, nem sempre, essas relações estão no seu auge, e você pode se questionar sobre a reciprocidade. Mas, então, algo acontece: você é surpreendido por um gesto de carinho, e toda dúvida desaparece, confirmando que ainda ocupa o lugar "premium" dessa prateleira, sem precisar reorganizar nada.

Lembre-se: as pessoas não são como nós; cada uma tem seu jeito único de demonstrar o quanto você é importante em sua vida, e precisamos aprender a compreender isso sem cobranças. Isso, no entanto, não significa que você seja menos importante para elas do que elas são para você. Se ainda sentir desconforto, converse; existe espaço para o diálogo e a cumplicidade. Não permita que as coisas ganhem proporções maiores do que realmente têm.

Nessa caminhada de relações, é sempre tempo de reorganizar. Nem sempre se trata da nossa prateleira, mas sim da nossa forma de enxergar o mundo ao nosso redor. Por isso, quando a insegurança bater, respire fundo, encha os pulmões e solte lentamente. Silencie e liberte os pensamentos. Faça isso várias vezes e tudo parecerá se reorganizar automaticamente.

LIBERTE-SE, AME!

Em nossa vida, passamos por diversas experiências amorosas: as felizes, as tristes, as inesquecíveis e as traumáticas. Sabe aquela máxima que diz: "Lembram-se das minhas derrotas, mas nunca do meu sucesso". Trazendo isso para o contexto amoroso, podemos ter vivido muito mais histórias felizes e inesquecíveis (no sentido bom), mas o que de fato fica marcado em nossa vida são as histórias traumáticas e tristes.

Esses sentimentos ficam tão enraizados que passamos a vida buscando compreendê-los. São sessões e mais sessões de terapia, livros de autoajuda, palestras, filmes, e nada parece apagar essas marcas, como se uma âncora estivesse presa aos nossos pés.

É como se construíssemos uma muralha para ter a falsa sensação de proteção. Mas proteção de quê? Qual a ameaça? O que existe de tão ruim além dessa muralha imposta por nós mesmos?

As pessoas entram e saem da nossa vida como passageiros em uma viagem, que tem origem, destino e tempo previsto para durar. Mas podemos desenvolver comportamentos repetitivos de autodefesa e, aos poucos, empurramos as pessoas importantes para fora da nossa vida e da nossa história. Não adianta a pessoa dizer mil coisas lindas, fazer gestos ou dar presentes, pois há uma voz interna reafirmando insistentemente que isso vai acabar como as experiências anteriores. Mas será? Quais são essas possibilidades?

O tempo parece estar com muita pressa, e tudo parece durar uma fração de segundo. Quando olhamos pelo retrovisor da nossa história e da nossa vida, nossa jornada é tão pequena quanto o espelho que observamos, tentando prever um futuro que nem eu nem você sabemos onde vai dar. Novamente, aquela voz interna diz: "Para que insistir, se vai acabar do mesmo jeito?"

Com esse comportamento tóxico e repetitivo, vamos criando justificativas rasas para não viver algumas histórias, como: "Não notei a pessoa me olhar" ou "Imagina, essa pessoa me querendo". E por que não? É mais fácil se apoiar nas mazelas do que simplesmente vivenciar a experiência.

Chega um momento em que é necessário mergulhar e soltar as correntes dessa âncora que nós mesmos colocamos. Viemos aqui para nos relacionar, aprender com o outro e evoluir. Se toda vez que uma pessoa tentar nos acessar de maneira mais profunda, a repelirmos, não teremos histórias, não teremos experiências, não teremos aprendizados e, consequentemente, nos tornaremos emocionalmente imaturos.

É compreensível que algumas experiências possam ter sido traumáticas e cheias de cicatrizes, mas convido você a olhar para essas experiências e tentar ressignificá-las a partir do ponto de vista que você tem hoje. Como dizem: "Queria ter aquela idade com a cabeça que tenho hoje". Sinto muito, mas isso é impossível, algumas coisas não podem voltar, mas outras podem ser redirecionadas. Por isso, busque compreender quais são as lições que você aprendeu com as histórias do passado e cultive a autoconfiança e o autodesprendimento. Ter a oportunidade de exercitar esse crescimento emocional é permitir avançar em algo que te faz bem, mas com a perspectiva de agora e com os aprendizados do passado.

Não carregue culpas ou arrependimentos. Naquele momento, você fez o que estava disponível dentro do seu repertório de experiências, e está tudo bem. Acolha-se, perdoe-se! E perdoe também, se sentir que é o certo a se fazer. Agora, com um ponto de vista mais apurado, volte e ressignifique; liberte-se. Dê-se a oportunidade de amar, mesmo que isso lhe traga novas tristezas. Nunca ninguém morreu por amar.

Estabeleça limites e respeite-os. Essa nova experiência pode, com certeza, trazer muito mais alegrias. Há milhões de pessoas tentando acessar o seu coração para conhecê-lo um pouquinho mais. Permita-se!

ENCONTROS E REENCONTROS

A todo momento, pessoas cruzam nossa história. Aprendemos mutuamente e, com o passar do tempo, essas pessoas podem simplesmente desaparecer. Tentamos uma reaproximação, mas como encontrá-las depois de tantos anos? Fica aquele gostinho de tentar reviver tudo o que foi vivido naquela época, mas as coisas nunca serão como antes, e, principalmente, nós não somos mais como éramos antes.

A vida não é uma maravilha sem fim, mas é uma escola de grandes aprendizados para aqueles que desejam. Quantas vezes pensamos estar amando incondicionalmente? Quantas vezes choramos decepcionados? Quantas vezes sorrimos ao lembrarmos de alguns feitos?

Ninguém passa pela nossa vida por acaso; esse encontro tem um motivo maior. Às vezes, naquele exato momento, não sabemos qual, e talvez nunca saibamos, mas alguma marca foi deixada nas duas pessoas.

Em meio à correria do dia a dia, os desencontros muitas vezes são inevitáveis, mas às vezes não fazemos nada para mudar essa condição. Talvez você não deva fazer nada mesmo, ou talvez deva sim. Ou então você pode estar perdendo algo que pode ser muito maior em um futuro próximo.

Nessa correria, os encontros e desencontros fazem parte do cotidiano, mas o reencontro é algo indescritível, principalmente quando sua intuição diz que há um propósito maior. O compromisso que temos que ter conosco é sentir, viver e acreditar na parte que nos cabe, acreditando que é possível. Quando pensamos assim, o universo conspira a nosso favor.

Viver intensamente dá trabalho, mas é prazeroso demais! Encontrar, desencontrar e reencontrar são prazeres positivos e negativos. Alguns reencontros podem trazer alegrias imensas, mas reviver situações difíceis pode trazer dor, embora isso possa ser necessário para limpar o coração.

Alguns reencontros trazem uma adrenalina que embaralha a visão; por exemplo, uma história de amor mal finalizada. Essa lembrança traz consigo muita dor, a sensação de que o ciclo não tivesse se encerrado, por exemplo.

Os sentimentos, dependendo de sua intensidade, nos envolvem de tal maneira que fica difícil imaginar um momento sem eles. No entanto, eles nunca devem nos paralisar ou nos acovardar, pois a verdadeira graça da vida está em transformar as fissuras dos desencontros em curativos e alentos, tanto para nós mesmos quanto para aqueles que possam precisar das nossas experiências.

O tempo é uma fração que passa num piscar de olhos, e, dependendo da velocidade, é como se não existíssemos naquele tempo. Por isso, diga sim sempre para as oportunidades que a vida lhe apresenta. Não precisa ter certeza de nada, apenas que é preciso ser feliz em todos os momentos ou, pelo menos, na maior parte do tempo. A tristeza também traz grandes aprendizados, mas deve ser passageira e com esse propósito.

A tristeza, embora dolorosa, nos ensina a valorizar a luz. As lágrimas carregam muita lição, e é fundamental não nos permitirmos afundar nelas. Acolher-se faz parte do processo de crescimento. A tristeza deve ser uma viagem curta, que dure o tempo suficiente para gerar espaço para a gratidão e a esperança. E, então, permitir que novas experiências floresçam.

Recentemente, me peguei refletindo sobre a vida e o impacto das conexões humanas. Às vezes, estamos tão imersos no fluxo do cotidiano que esquecemos o quanto algumas dessas relações têm o poder de nos transformar e de contribuir para o nosso crescimento. Isso me fez questionar se existe algo mais profundo que guia nossos encontros, algo além das circunstâncias, que nos leva a cruzar os caminhos das pessoas certas no momento certo. Talvez haja uma força invisível, um alinhamento de momentos e escolhas que, com o tempo, faz essas conexões florescerem de forma única, como se houvesse um propósito maior conduzindo tudo. Ao olhar para trás, vejo que, mesmo nas relações mais desafiadoras, há sempre lições valiosas que nos empurram para o nosso verdadeiro eu.

EGO: O PREÇO PELO RECONHECIMENTO

O capitalismo traz consigo um sentimento de posse e a fantasiosa crença de que só é possível ser alguém se tivermos dinheiro ou algo grandioso, para que as pessoas possam nos incorporar naquele universo meramente ilustrativo.

Mas será que os fins justificam os meios? Vale mais ter uma foto com 40 pessoas de faz de conta ou ter uma foto com três ou quatro pessoas que realmente enchem seu coração? Qual é a sua escolha, ou melhor, qual é a sua melhor escolha?

O ego nos diz que quanto mais, melhor. Em contrapartida, nosso coração nos afirma que mais valem poucos e verdadeiros do que muitos personagens figurantes. É uma eterna luta interna: coração ou razão. Isso diz muito sobre a forma como você deseja ser percebido pelo mundo. Mas, o mais importante, como você quer se parecer para si mesmo? O que o ego realmente busca ao se exibir? Até que ponto suas escolhas são guiadas pelo desejo de reconhecimento externo? Quando foi a última vez que você se colocou à frente das expectativas alheias e se ouviu de verdade?

Isso não quer dizer que seja uma regra. Se você vê todos os personagens da sua história em uma foto que te enche o coração, está tudo bem também. O importante é ser de verdade. A partir do momento que você começa a ponderar se gostaria de estar em determinado lugar, com determinadas pessoas, pode surgir um desconforto que faz você questionar: será que estar ali te faz ser apenas mais um personagem, ou você realmente está sendo você mesmo?

Passamos por estas duas situações: quando jovens, acreditamos que quanto mais, melhor; mas com o tempo e as experiências da vida, começamos a querer estar onde realmente nos encaixamos, em que estar ali nos traz uma alegria imensa. É o sentimento de pertencimento.

Somos ricos em defeitos e qualidades, porque somos seres humanos em constante evolução; nunca seremos iguais no agora nem no futuro. É a história do rio: "O rio nunca é o mesmo".

Em algumas relações pessoais ou até mesmo no mundo corporativo, o ego é uma propriedade tóxica que envenena e congela a pessoa em um estado de egoísmo e egocentrismo sem tamanho. Ao invés de administrar situações que exigem algo de nós para evoluirmos, temos que administrar o ego das pessoas. É tão difícil que chegamos a perder nossa capacidade de nos qualificar; nossos defeitos tornam-se maiores que nossas qualidades devido à energia densa que o ego propaga ao nosso redor.

Pessoas assim querem as coisas do seu jeito, a seu modo e no seu tempo. Qualquer cobrança por uma postura mais empática pode ser classificada como abusiva. O ego é uma cortina de areia que cega as pessoas.

Quando chegar o momento de colocar seu lado altruísta em ação, use a respiração como ferramenta potencializadora das suas qualidades. Contagie a energia densa com positividade e destaque a visão de coletividade e universalidade. Não nascemos para sermos sozinhos; nascemos para viver em grupo, e viver em grupo requer desprendimento, território em que o ego não entra.

Nossa imagem se constrói a partir dos nossos valores e crenças, e esse processo de autoconhecimento leva tempo. Aprender a lidar com nossos limites, enfrentar nossas fraquezas e fortalecer nossas qualidades nos torna seres praticamente inquebrantáveis, pois sabemos quem realmente somos. Mas, até que ponto você está disposto(a) a enfrentar as partes mais vulneráveis de si mesmo(a) para descobrir sua verdadeira essência? E o que, de fato, te impede de ser genuíno(a) com você e com os outros, deixando para trás os papéis que o ego insiste em jogar?

Por isso, gosto de dizer que somos muito mais do que falamos, muito mais do que ouvimos e muito mais do que falam sobre nós. Somos muito mais do que palavras e muito mais do que qualquer achismo ou opinião; somos gestos, atitudes e coesão.

VOCÊ REALMENTE É QUEM GOSTARIA DE SER?

É impressionante como as pessoas são apegadas a padrões e comportamentos limitados, idealizados como necessários para conquistar algo ou alguém. Se você não se encaixa nesse padrão, é automaticamente colocado de escanteio, como se apenas isso fosse importante.

É como se aquilo que os olhos veem tivesse mais significado do que aquilo que não é visto. Isso está relacionado a princípios e valores que trazemos na formação da nossa personalidade.

O mais importante é aparentar ser do que realmente ser; são valores invertidos! No mundo digitalizado de hoje, é necessário vestir um personagem e, como dizem: "Segura o carão". Olha que paradoxo: você pode estar devastado por dentro, mas nas redes sociais precisa vestir seu melhor sorriso. Qualquer post que nos é entregue e que muitas vezes toca nosso coração e repostamos, vem acompanhado da pergunta: "Você está bem?".

Hoje, não temos mais a licença de ter dias não tão bons, o que nos leva a refletir sobre nossos comportamentos e também sobre os comportamentos alheios que nos afetam. Muitas vezes, você está no lugar errado e na hora errada, e ouve uma fala indireta a você, que não é intencional, mas pode machucar. Em fração de segundos, aquele peito cheio de segurança se rompe como uma bexiga furada, e lentamente a autoconfiança vai escapando pelo furo. Será que nesse momento você está sendo quem gostaria de ser?

Deixar de lado nossa segurança emocional para se adequar aos padrões impostos pelos outros é uma armadilha sutil. Perguntamo-nos se essas exigências se aplicam também aos que as criam, e se são realmente perfeitos. Muitas vezes, buscamos um ideal tão distante que perdemos de vista a beleza da autenticidade. O que realmente importa é a essência de cada um, com suas imperfeições e singularidades. É preciso resgatar essa verdade interior e valorizar a própria jornada, em vez de se perder na comparação.

O mundo das redes sociais nos torna cada vez mais viciados e reduzidos à aparência, e as pessoas estão esquecendo de realmente viver e experimentar cada emoção. É tudo tão idealizado, como se todo mundo tivesse que sair de uma mesma linha de produção. Qual é a consequência disso? Pessoas solitárias procurando o boneco encantado, e quando não o encontram, ouve-se: "Está tão difícil encontrar alguém para se relacionar" ou "Ninguém quer nada sério". Será que as pessoas realmente não querem ou elas não toleram mais comportamentos e imagens fora do padrão? As pessoas estão se tornando intolerantes para conviver e se relacionar.

Cobramos que as pessoas sejam perfeitas em imagem e comportamento, e essa expectativa gera pressões e desilusões, distorcendo a verdadeira essência do ser humano. No fim, esquecemos que a autenticidade é o que realmente nos conecta.

Hoje em dia, não se encaixar é um desafio, um problema, e quem tem coragem de sustentar isso é julgado por ser diferente. Mas não há nada de diferente; essa pessoa está sendo quem gostaria de ser, vivendo em sua integralidade, o que qualquer um deveria fazer. Veja as crianças como exemplo: não ligam para estereótipos, são espontâneas e longe de preocupações sobre o que pensam; simplesmente são do jeito que são. Essas mesmas crianças, consumindo conteúdos diariamente, podem, se não forem bem orientadas, entrar no mesmo ciclo vicioso da padronização.

Volto aqui com a pergunta que carrega o nome deste texto: você é quem gostaria de ser?

Se não encontrou a resposta facilmente, é porque há algum problema que precisa ser compreendido. Está tudo bem dar um passo para trás e buscar essa compreensão de si mesmo(a), por meio do autoconhecimento.

Já parou para se questionar quem é você? Naquele lugar mais íntimo, você com você mesmo(a), ninguém mais vendo e ouvindo, sem necessidade de autoengano. Qual seria a sua resposta? Passado um tempo, se encontrasse com alguém que te perguntasse: "Qual é a sua missão?". O que você diria?

O processo do autoconhecimento é essencial para se entender, além de estabelecer limites e fortalecer sua identidade. É possível entender melhor sua missão nesta caminhada e com isso dar mais clareza sobre seus valores e princípios e o que realmente te faz feliz.

Vou trazer uma história muito conhecida, a do Patinho Feio. Lembra-se? No final da história, ele tem algo que, mesmo nas adversidades, nunca deixou de acreditar: o patinho nasce em um ninho onde é diferente dos outros, enfrentando rejeição e zombarias. Apesar das dificuldades, ele persevera e cresce. Ao olhar seu reflexo no lago, percebe que se transformou em um belo cisne. A partir desse reconhecimento, começa a ser admirado e respeitado por todos. O patinho mantém sua autoestima intacta, valorizando a autoaceitação de suas diferenças, que o tornam único. Apesar das zombarias, ele preserva sua empatia e, com coragem e humildade, cria seu próprio caminho, priorizando seu eu verdadeiro. Como podemos refletir sobre autoaceitação a partir dessa história? De que maneira podemos cultivar mais autoempatia, mesmo diante das situações desafiadoras?

Se encaixar pode ser nossa escolha mais fácil, mas o que nos impede de buscar autenticidade em vez de simplesmente atender às expectativas dos outros? O que estamos vivendo está alinhado com nossas verdadeiras necessidades, ou estamos apenas seguindo o que é mais fácil? Se estamos aqui, refletindo sobre nossos comportamentos em relação à nossa trajetória, isso não é algo negativo. Na verdade, indica que a zona em que nos colocamos já não é mais tão confortável como antes. E, nesse momento de reflexão, quem é você, de verdade, e quem você gostaria de se tornar?

Diferenciar-se entre as muitas pessoas com quem convivemos pode causar desconforto, tanto em nós quanto nelas. Lidar com pessoas que têm um forte posicionamento sobre si mesmas é desafiador, tanto para quem convive quanto para quem é. Essa dinâmica se torna ainda mais complexa à medida que começamos a escolher onde, quando e com quem queremos estar. Se ser quem realmente desejamos implica algumas perdas, essas perdas são essenciais para continuarmos avançando em direção nossa essência e a nossa identidade – nosso verdadeiro eu. Ao longo do caminho, encontraremos pessoas que nos apoiarão nesse processo de crescimento, ajudando-nos a enfrentar nossos medos e anseios enquanto buscamos ser melhores a cada dia.

Todos buscam ser sua melhor versão, para si e para os outros. No entanto, enfrentamos limitações da sociedade e das nossas próprias crenças. Cada um é o que pode ser no momento, mas a evolução está ao alcance de todos. Talvez ninguém seja exatamente como gostaria, mas temos a oportunidade diária de nos aproximar do que realmente queremos ser. Essa jornada nos permite reconhecer nossas potencialidades e enfrentar nossos medos. A verdadeira evolução acontece quando escolhemos persistir, apesar das dificuldades. E, no fim, quem você realmente quer ser, além das expectativas dos outros?

SOMOS O QUE PODEMOS SER

Desde muito jovem, começamos a acumular aprendizados em nossa "mochila", e nossas decisões nem sempre foram coesas ou acertadas. Faz parte da evolução humana errar, aprender e crescer com isso; porém, na maioria das vezes, não temos compaixão por nós mesmos.

Ao olharmos pelo retrovisor da nossa vida, muitas vezes não nos orgulhamos de tudo o que fizemos ou do que poderíamos ter feito de diferente. Somos seres humanos, muitas vezes incoerentes consigo mesmos, e valorizamos muito mais o que nos falta do que o que realmente temos.

O tempo nos serve para evoluir dia após dia; o que fomos ontem não é o que somos hoje, e tampouco será o que nos tornaremos amanhã. Todos os minutos do dia trazem eventos que podemos capturar e aproveitar ao máximo. Como qualquer pessoa, muitas vezes não valorizamos nossas conquistas, especialmente quando há falhas no meio do percurso. Este é o problema: damos mais relevância aos obstáculos do que às nossas conquistas diárias.

Se um guardião do tempo aparecesse e pedisse que você avaliasse algumas situações específicas da sua vida até agora, como você reagiria? Você comemoraria suas conquistas, por menores que fossem? Melhor ainda, você seria capaz de identificar essas conquistas de maneira natural?

A maioria de nós não conseguiria reconhecer suas pequenas vitórias diárias, pois valorizamos apenas o que é grandioso, como uma promoção, a compra de um carro ou um apartamento; em vez de aspectos sutis, como aprender a ser empático ou entender o ponto de vista do outro. Isso acontece porque muitas pequenas conquistas são abstratas ou intangíveis; não têm forma, peso ou mensuração. Exemplos incluem um aprendizado significativo, um "muito obrigado", um gesto gentil ou uma nova maneira de pensar e/ou pequenos comportamentos que reforçam nossa mudança interna.

A comparação distorce nossa visão e nos torna míopes, condicionando nossa felicidade ao que nos falta, em vez de ao que já temos. Não podemos esquecer que tudo o que nos trouxe até aqui — sejam escolhas certas ou não — contribuiu para nos moldar como somos hoje.

Precisamos aprender a ter um olhar mais empático para conosco, cultivar o autocuidado, reduzir a autocobrança e aumentar o autoamor. Não se trata de olhar para trás e se condenar por não ter feito escolhas melhores, mas sim de refletir sobre nossas decisões dentro do repertório e da maturidade que tínhamos naquele momento. Fizemos o que podíamos dentro das nossas possibilidades, e isso não significa que fizemos errado. Ao chegar a essa conclusão, acolha-se. Abrace a pessoa que você era e seja tão solidário consigo mesmo(a) quanto é com os outros. Por que nossa régua é sempre mais alta quando se trata de nós mesmos? O que realmente nos impede de sermos mais gentis e compreensivos com quem somos, no presente, e com o que podemos ser no futuro?

Ouvi em um podcast chamado *Para dar nome às coisas* algo que faz muito sentido. Em um dos episódios, a apresentadora fala sobre o vazio e traz uma reflexão interessante: *"Não dá para trilhar o caminho sem estar disponível para acertar, errar, cair e tentar novamente. Não dá para querer fazer o caminho sem se colocar nele".* É sobre isso! Estar disponível e disposto. Os caminhos nos levam a cenários de aprendizado constante, e as pessoas que passam por nossas vidas são essenciais para que possamos aprender, refletir e evoluir.

Devemos nos perdoar pelos erros, olhar para eles e extrair o melhor possível, sem nos massacrarmos por termos falhado. Se erramos, devemos enxergar esse erro como uma oportunidade de crescimento. Mesmo que, em determinado momento, você se sinta frustrado, o importante é não estacionar nessa percepção. Sinta essa emoção, pois é sincera, mas expulse o que não serve e mantenha apenas o que promove seu crescimento. Na vida, sempre teremos escolhas; imagine um copo de água pela metade. Você pode escolher focar na parte cheia ou na parte vazia. Qual é a sua escolha? Essa escolha tem o poder de transformar o seu dia e o daqueles ao seu redor, tornando-os mais leves e felizes, ou, ao contrário, mais pesados e desanimados. Afinal, nossa perspectiva molda a maneira como vivemos e como impactamos o mundo à nossa volta.

Costumo dizer que nada se faz sozinho, e ninguém é alguém isoladamente. Vivemos em coletividade, e o que nos afeta também impacta aqueles ao nosso redor. Por isso, diante das possibilidades, escolha sempre o copo meio cheio.

Talvez você não veja valor nessa escolha à primeira vista, mas permita que as emoções se acomodem e olhe com clareza, então perceberá que não se abre apenas uma possibilidade. Por isso, vivencie suas emoções, acolhendo-se sempre que necessário, e quando tudo parecer sem alternativas, não permita que se estacione nessas percepções, mesmo que elas se tornem persistentes e negativas.

Vamos nos tratar com a mesma gentileza que oferecemos aos outros, cultivando um espaço de compreensão e empatia. O perdão que damos aos que amamos também deve ser dirigido a nós mesmos. Se conseguimos fazer isso pelo outro, por que não podemos fazer conosco?

O VERDADEIRO SIGNIFICADO

Quando somos jovens, simplesmente queremos viver a vida, entramos em embate com os nossos pais e vivemos como se não houvesse amanhã. O tempo passa e nos mostra que a imaturidade nos leva a caminhos que se tornam fonte de aprendizado.

Quando somos adolescentes, queremos muitos amigos e viver intensamente. Nessa fase, a questão é quantidade, não qualidade. Ter muitos amigos é sinônimo de popularidade, mas será que a quantidade realmente significa amizade verdadeira? Acreditamos que mil amigos podem nos levar a qualquer lugar e, de fato, podem.

Com o tempo, esses amigos vão se afastando, cada um seguindo seu caminho, e as relações se reconfiguram. Aqueles amigos que eram tão próximos mudam de prioridade, e deixamos de ser parceiros em todos os momentos.

Chegadas e partidas acontecem a todo instante em nossas vidas: são amigos, amores, paixões, colegas de trabalho e tantos outros tipos de relação, cada um com seu propósito. Quando alguém chega na nossa vida, traz consigo algo para que possamos aprender ou, ao menos, perceber que algo precisa ser ajustado.

A vida é uma obra aberta, como uma novela que se desenrola em tempo real, e quando necessário, o autor intervém e muda o rumo de alguns personagens. Nesse contexto, somos os autores, e temos o poder de colocar e retirar pessoas de nossas vidas, conforme o propósito e o destino que desejamos para cada um dos nossos personagens.

Alguns amigos estão na história há várias temporadas e poderiam continuar por muitas outras, mas as histórias paralelas acontecem e, aos poucos, percebemos que deixamos de ser personagens na história deles, perdendo capítulos até desaparecer da narrativa. Mas qual o real significado de ter personagens ocupando diferentes posições em uma história?

Quando um amigo entra em nossa vida, aos poucos vamos oferecendo espaço, compartilhando segredos, e essa pessoa começa a fazer parte do nosso dia a dia. Vivemos momentos marcantes e inesquecíveis. Nessa fase, aprendemos que quantidade não é qualidade; é melhor ter dois ou três amigos verdadeiros ao nosso lado do que 100 que só surgem quando precisamos. Esse é o verdadeiro significado da amizade: estou aqui por você e para você. Eles se tornam especiais, se tornam irmãos.

Amigo é aquele que olha nos seus olhos quando diz algo, que te abraça quando você mais precisa de um ombro amigo, que sorri com você e também seca suas lágrimas quando você chora; é aquele que diz o que precisa ser dito, independentemente de estar certo ou errado, que te incentiva e te impulsiona diante de um obstáculo, dizendo "já deu tudo certo."; é aquele que luta ao seu lado e acredita em você, apesar das dificuldades; que te liga para saber como você está; é aquele que percebe quando você está quebrado por dentro e estende a mão, dizendo: "estamos juntos"; é alguém que busca estar presente em sua vida de uma forma ou de outras, pois ser amigo cabe em qualquer minuto do dia.

Esse é o real significado de um personagem coadjuvante na nossa história, que muitas vezes divide o protagonismo. Nos momentos mais importantes da nossa vida, eles estão ao nosso lado, seja sorrindo ou chorando, e o valor está em passar por isso juntos, levando essas memórias para o coração.

A amizade é uma unidade sem medida; por mais que tentemos quantificá-la, nunca conseguimos chegar a números absolutos. Sabe por quê? Porque ela é intangível, é uma força que não pode ser contada, é um laço profundo de sentimento e emoção, que transcende qualquer tentativa de mensuração. A verdadeira amizade não cabe em cálculos, ela se expande no coração, se sente nas atitudes e se prova no silêncio das horas compartilhadas.

Assim como o amor, a amizade não se preocupa com cor, etnia ou política; a conexão simplesmente acontece. É como se as vielas da vida nos direcionassem ao mesmo ponto. Alguns caminhos podem demorar, mas o encontro é certo.

A amizade é constância e relevância, mas, acima de tudo, é a presença e as experiências compartilhadas. É estar juntos, contando as mesmas histórias a partir de diferentes perspectivas. Amizade se revela na conexão entre corações e na capacidade de acolher as diferenças.

É compartilhar risadas e, ao mesmo tempo, ter a liberdade de mandar alguém passear, para logo em seguida rir novamente. Já parou para pensar como a amizade é capaz de transformar até os momentos mais simples em algo inesquecível? Se eu tivesse que definir a amizade em uma palavra, diria que é sintonia. É aquela conexão profunda na qual, para comunicar algo, um simples olhar já diz tudo. Já sentiu isso?

O entendimento mútuo que vai além das palavras e dos gestos. A verdadeira amizade é um espaço seguro onde podemos ser autênticos, sem medo de julgamentos, onde a vulnerabilidade é acolhida com amor. É o carinho que se revela em cada pequeno gesto, no abraço apertado ou no silêncio que não precisa de explicações. E a amizade não se mede pelo tempo, mas pela presença constante, mesmo nas diferenças.

Pode ser que as palavras falhem, mas a amizade verdadeira sempre fala diretamente ao coração. É nela que encontramos refúgio, consolo e força para seguir, sabendo que, não importa o que aconteça, temos alguém ao nosso lado, pronto para caminhar junto, sem pedir nada em troca.

DO MEDO À CORAGEM: POR QUE NÃO?

Tudo começa desde muito jovem, quando somos crianças e estamos na fase de compreender o mundo e como ele funciona. Nessa jornada, começamos a aprender o que é certo e o que é errado, o que é estar feliz e o que é estar triste, o que é brincadeira e o que não é. Mas agora, olhando de um outro tempo e com um repertório mais ampliado, será que tudo era errado mesmo? Por qual ponto de vista era avaliado? Qual contexto se tinha?

Nesse momento, nossos pais dizem: "Não faça isso, que é errado". Em algumas situações, de fato, é, mas será que em todas? Não poderíamos considerar outro ponto de vista? Aqui não estamos dizendo que o que nossos pais trouxeram para nossa formação está completamente errado, jamais! A intenção é trazer uma nova perspectiva: "Por que não?".

Vamos crescendo e essas crenças limitantes vão se enraizando em nossa construção como seres humanos, como indivíduos que somos e, quando percebemos, já fizemos boa parte da caminhada. Quando se é criança, o processo de aprendizagem é mais fácil; quando adultos, esse processo é completamente diferente, pode ser doloroso e traumático e não acontecer de uma hora para outra.

Crescemos ouvindo frases como: "Não fale quando alguém estiver falando", "O fulano, na sua idade, já sabia fazer...", "Preste atenção, você está no mundo da lua", "Se não tiver algo para contribuir, fique quieto", "Você não faz nada direito", "Você deixa tudo pela metade", "Você nunca vai conseguir ninguém", "Siga o exemplo do seu irmão". Teríamos milhares de exemplos. Imagine uma criança ouvindo isso todos os dias, o que será que ela absorve? Como ela elabora todas essas crenças em um mundo ainda em formação? E como ela devolve isso para o mundo?

Quando nossos pais fazem essas observações, não percebem como essas palavras se enraízam em nossas crenças infantis. Essas mensagens moldam nosso comportamento na vida adulta, influenciando nossas decisões e relações. O que parece uma simples orientação pode se tornar uma barreira duradoura.

Essas crenças nos acompanham há tanto tempo que se tornam parte de nós. Sabemos que elas moldam nossas identidades e, muitas vezes, nos limitam. Para dar o primeiro passo, podemos ficar pensando por dias ou horas, simplesmente por falta de confiança em nós mesmos. Embora saibamos o que precisamos fazer, nossa voz interna nos diz: "Pare com isso, você sabe que não pode", "Não faça isso agora, alguém deve estar fazendo melhor que você", "Como ele(a) poderia se interessar por você se existem pessoas mais interessantes?". Esse juiz interno costuma ser impiedoso.

Quando alguém ou seu juiz interno tentar te colocar em um lugar que te faça duvidar de sua capacidade, feche os olhos e o enfrente. Lembre-se de que somos nós que damos força a essas crenças limitantes. Respire fundo e, mesmo com medo, encare o desafio. Pergunte-se: "Por que não?". Só nós podemos dizer o que podemos e o que não podemos, o que devemos e o que não devemos. Por isso, temos assegurados, pela natureza e por Deus, a nossa individualidade e o nosso livre-arbítrio. O que fazemos ou deixamos de fazer só cabe a nós. O que o outro vai pensar ou esperar de nós diz mais sobre as expectativas dele, e isso não é nossa responsabilidade. Já a nossa felicidade, sim, essa é única e exclusivamente nossa responsabilidade.

Se sentir vontade de fazer algo e os juízos, tanto externos quanto internos, te disserem: "Não faça isso, você não vai conseguir", pare. Respire. Observe o que está ao seu redor e esteja plenamente presente naquele momento. O que está te impedindo de seguir em frente? O medo? A dúvida? O passado já ficou para trás, e não podemos mudá-lo. Mas podemos aprender com cada experiência, com cada erro, e usar isso para sermos melhores amanhã. Quando se sentir inseguro(a), pergunte a si mesmo(a): "O que realmente me impede de tentar?". Lembre-se da famosa frase: "Se tem medo, vá com medo mesmo". Todos nós enfrentamos dúvidas e inseguranças, é natural. Mas, ao invés de se paralisar, use-as como combustível para avançar. Por quê? Porque você pode! Sim, você pode!

    O caminho pode não ser fácil e as dificuldades vão surgir, mas o que te define não são os medos ou obstáculos, e sim a coragem de seguir em frente. Quando o medo bater, lembre-se: você tem a força dentro de si para ir além. E ao olhar para trás, verá que foi sua perseverança que fez toda a diferença. Você está pronto(a) para enfrentar os desafios e ir além dos seus medos?

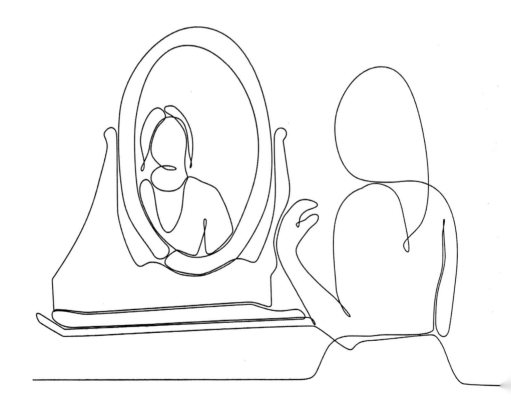

QUEM SOU EU?

Você já parou para se perguntar quem é você? Já refletiu internamente sobre essa questão? Qual foi a sua resposta? Chegou a alguma conclusão? Costumo dizer que somos a somatória de tudo de bom e ruim que nos aconteceu até aqui. Mas o que te trouxe até este momento é, de fato, o caminho que você gostaria de ter trilhado?

Nossa vida é feita de ciclos — ciclos nos quais aprendemos, conquistamos, reaprendemos e ressignificamos até atingirmos a maturidade, seja pela idade ou pelas experiências que a vida nos apresenta. Mas será que essas experiências, mesmo as difíceis, são apenas para nos deixar tristes, com a sensação de fracasso?

Quando crianças, somos guiados pelos nossos pais e pelo ambiente em que crescemos, moldando a nossa pequena personalidade, mas nunca paramos para pensar ou não temos discernimento suficiente para ter esta autorreflexão de um ponto de vista profundo de entendimento: "Quem sou eu?".

Na adolescência, queremos tantas coisas que em um caderno não caberiam nossos desejos. O tempo passa, alguns planos não se realizam como esperávamos, nos frustramos e nos decepcionamos; muitos desses percalços deixam marcas que demoram anos para cicatrizar. Podemos imaginar nossa construção de identidade como um quebra-cabeça de mil peças: começamos pelas extremidades, devido ao formato das peças, e depois vamos encaixando peça por peça.

Nessa fase, queremos ser tudo e ter tudo. Queremos as melhores roupas, queremos sempre estar com nossos amigos, queremos viajar, queremos beber como se não houvesse amanhã. "Querer" é o verbo mais utilizado nessa fase. Quando alguém diz: "Ei, vamos parar um pouco", é como se tirassem de nós a oportunidade de viver. Veja que loucura!

Essa frase é apenas uma maneira de nos trazer a outros aspectos que também importam. Estamos perdidos e mal conseguimos conceber uma resposta para quem somos, porque sentimos que precisamos ser e ter tudo, enquanto, na verdade, a única coisa que conseguimos é ser nada. Já ouvir dizer: "Para quem não tem direção, qualquer lugar serve"? Eu, pessoalmente, uso essa frase em momentos de resgate, quando sinto que estou em um cruzeiro e o capitão não sabe para onde ir.

Voltando à nossa construção, essa limitação imposta se torna algo enraizado, como uma cicatriz que, muitas vezes, nos impede de avançar. No entanto, é fundamental enxergar essa marca como parte de uma história que teve sua importância, mas que pertence ao passado. Não precisamos carregar essas cicatrizes conosco o tempo todo; elas podem nos ensinar, mas não precisam definir nosso presente.

Proponho aqui um desafio, a partir de uma questão importante sobre nossa identidade. Pegue um papel e uma caneta, o tempo é de dois minutos para conclui-lo. Vamos lá? Cite 10 qualidades e 10 defeitos seus.

Você conseguiu listar quantos? Quais vieram primeiro? Defeitos ou qualidades? Suponha que a resposta tenha sido "Consegui primeiro as qualidades". Tudo bem, mas essas qualidades são realmente aquelas que definiriam quem é você? Talvez seja o momento de parar e avaliar nossas qualidades com a mesma atenção que dedicamos aos nossos defeitos. Isso não significa que devemos ignorar os defeitos, mas é essencial que eles nunca superem nossas qualidades. Se isso acontecer, estamos enfrentando um problema que precisa ser abordado.

Quando isso acontece, nossa sombra torna-se maior que nossa luz, e isso nos deixa sem direção. Perdemos a capacidade de dizer quem somos de verdade. Focamos tanto em nossos defeitos que acabamos por perder nossa espontaneidade. Sabe por quê? Porque buscamos um ideal que faz com que nossa régua interna suba cada vez mais, tornando-se humanamente impossível de alcançar, e isso nos frustra, trazendo a sensação de que estamos sempre em débito conosco.

Sabe a história da lagosta? O crescimento dela é doloroso; sua casa vai ficando pequena, apertada e desconfortável. Para crescer, ela precisar perder sua "casa". Mas o que acontece quando precisamos crescer? Ficamos vulneráveis e com medo, assim como a lagosta. Ela sabe que precisa se esconder em um lugar escuro até que esteja pronta e com uma nova "casa". Ela faz isso ao longo de toda a vida até atingir seu tamanho máximo. E qual é a diferença entre a lagosta e nós? A lagosta, após um período, volta maior e mais forte, enquanto nós, muitas vezes, permanecemos escondidos e vulneráveis. Em qualquer situação, voltamos rapidamente ao nosso esconderijo e ali ficamos. Assim, mais uma vez, perdemos a capacidade de reafirmar quem realmente somos e deixamos de enfrentar o medo, perdendo também a oportunidade de celebrar nossas vitórias.

A vida nos apresenta uma infinidade de oportunidades para nos mostrarmos e reafirmarmos nossa essência. No entanto, na mesma medida em que somos chamados a nos afirmar, muitas vezes escolhemos o silêncio, evitando confrontar as histórias que decidimos deixar para trás. Mas por que, ao invés de encarar essas memórias, procuramos a saída mais fácil? Será que estamos realmente escolhendo os caminhos certos para o nosso crescimento? O que estamos evitando em nós mesmos que, se enfrentado, poderia nos libertar?

Não se trata de ignorar as necessidades e sentimentos dos outros, mas de assumir a responsabilidade por nossa própria história e felicidade. Você já parou para refletir sobre o que realmente é importante para você? Quando encontramos essa clareza, conseguimos responder com a força de quem se conhece de verdade: "Do outro, eu não sei. Posso falar sobre mim, sobre meus sonhos, sobre quem sou de verdade".

Essa é a chave para uma vida plena, onde, ao assumir a responsabilidade pela nossa felicidade, nos tornamos protagonistas da nossa própria história.

E HOJE, VOCÊ VIVEU?

Já parou para pensar quanto tempo desperdiçamos deixando para depois tudo aquilo que não queremos encarar no momento?

Já parou para pensar quantas vezes adiamos a nossa felicidade simplesmente por achar que tudo vai ser igual?

Já parou para pensar quantas vezes dissemos "não" a nós mesmos só pelo simples medo de tentar?

Já parou para pensar quantas vezes perdemos a chance de dizer "eu te amo" a alguém que amamos?

Já parou para pensar quantas vezes nos anulamos só para ter pessoas ao nosso redor que não fariam o mesmo por nós?

Já parou para refletir que, todas as vezes que fizemos isso, deixamos um pouco de lado nossa vida para viver a vida de outra pessoa?

Já parou para pensar quantas vezes dissemos "não" para nós só para evitar conflitos? Mas e nós, quando vamos dizer "sim" para nós? Qual o momento? Quando olharmos para trás e vermos que não temos mais tempo?

Quando isso acontecer, já terá passado uma vida, e você não viveu absolutamente nada do que poderia ter vivido. E por quê? Porque queremos sempre nos encaixar de algum jeito na vida do outro, imaginando que não enfrentaremos nossos fantasmas e nossos medos. Ficamos com a falsa sensação de estarmos protegidos.

É enganar a si mesmo(a), pois estaremos muito mais vulneráveis do que podemos imaginar, porque esperamos do outro o mesmo comportamento que teríamos com ele. Mas então vem a frustração, sabe por quê? Porque somos diferentes e talvez nos importemos muito mais do que ele. Mas está tudo bem, estamos sendo o que somos na nossa integralidade. Se ele não é capaz de fazer por nós, sinto muito, talvez estejamos em estágios diferentes. Nunca fique constrangido por ser demais, dar demais, amar demais e se importar demais.

Dentre as escolhas que temos, não vamos deixar de ser do nosso jeito. Uma das escolhas que nos cabe é deixar o constrangimento para quem não consegue ser inteiro. O se importar está muito além de fazer o mesmo que fazemos pelo outro; o se importar é mostrar que você é importante mesmo sem dizer, mas simplesmente agindo como se importasse.

Nessa hora, é importante refletir: que direção estou seguindo? Que jornada estou construindo? Quantas vezes mais vou dizer "não" para mim? Quantas vezes mais insistirei em uma intensidade que só reflete de um lado?

Você pode estar lendo isso imaginando ou até se sentindo um tolo ou uma tola, mas não se sinta assim, não agora. Nunca se envergonhe de ser você, somente você. Não existe motivo para isso, porque talvez tenhamos sido diferentes e grandes demais para caber em uma caixinha.

Deixe o constrangimento para quem o cometeu. Não existe motivo para isso. Saia do seu lugar e se coloque do lado oposto e observe o que as pessoas observam; note a grandeza do seu coração, dos seus sentimentos e da sua lealdade, e não o contrário. E por mais que as pessoas pensem e até falem que somos tontos, elas sabem que, por trás dessas falas, somos muito grandes e que somos tão grandes que dividimos com os outros aquilo que nos transborda.

Só que é importante, mesmo nessa grandeza que temos, sair da zona passiva e cinzenta de esperar do outro o mesmo. Somos grandes, e nossos valores nos conectam com milhares de outras pessoas. Sabe aquela lenda chinesa do fio vermelho, que diz que no momento do nascimento os deuses amarram uma corda vermelha invisível nos dedos daqueles que estão predestinados a se encontrar? Assim faremos, seja através de uma amizade ou de um grande amor. Nenhuma conexão é em vão; por trás disso existe um grande mistério.

Talvez alguns encontros sejam essenciais para nos revelar o quão grandes e especiais realmente somos. Só precisamos tirar a venda dos olhos e reconhecer essa verdade. Quando o fizermos, poderemos olhar para trás e dizer com orgulho que vivemos intensamente cada momento, cada sentimento e cada emoção profunda.

Não adianta nada ficar planejando e idealizando uma vida inteira e, porque quando resolver colocar em prática tudo isso, o tempo simplesmente pode não ser suficiente para viver tudo o que se planejou.

Portanto, seja a sua maior paixão e viva tudo aquilo que deseja e planeja fazer. Se alguém quiser te acompanhar nessa jornada, ótimo, poderemos compartilhar grandes momentos de alegria; mas se não puder, deixe essa pessoa com a frustração de não poder viver tudo o que você viverá.

A responsabilidade de contar a nossa história é nossa. Portanto, não deixe o medo ou a insegurança paralisarem seus sonhos. Esteja ao lado de quem realmente se importa, pois quando isso é verdadeiro, não há espaço para desculpas ou justificativas.

Agora, imagine que Deus te convidasse para assistir à sua própria vida e, depois, te fizesse algumas perguntas poderosas: "Qual foi a história que você escolheu contar sobre a sua vida?", "O que realmente significou, para você, viver de forma plena?", "Quais experiências você ainda gostaria de ter vivido?", "Se tivesse a oportunidade de ver sua vida sob a perspectiva de uma força maior, quais mudanças ou aprendizados você destacaria?", "Se você pudesse deixar uma mensagem para as pessoas que ama sobre viver com intenção, qual seria?".

E, por fim, você pode dizer que realmente viveu?

QUAIS SINAIS ESTOU IGNORANDO?

Alguns momentos da nossa vida são bastante conturbados e nos deixam confusos, mas tudo tem um propósito.

Passamos metade da nossa existência construindo uma vida ideal e esquecemos de viver a nossa vida real. Quando resolvemos fazer isso, nos decepcionamos, nos entristecemos, nos aborrecemos; mas os nossos momentos felizes são infinitamente maiores que essas sombras que passam por nossa jornada e nos causam emoções que nos confundem momentaneamente.

Aqui, vamos focar nessa parte mais sombria e tentar explorar o propósito de certas coisas que acontecem. Vamos pensar em situações que já vivemos e que podemos usar como exemplos para um momento de reflexão. Vamos começar?

Primeiro, vamos falar de amor, vamos falar de intensidade, vamos falar de pontos cegos. Quando estamos apaixonados, parece que o mundo à nossa volta se transforma, principalmente para aquelas pessoas mais intensas, assim como eu. Algumas coisas mudam ao nosso redor, aquilo que sempre amamos fazer vai perdendo a relevância e as deixamos de lado apenas para ter mais tempo ao lado da pessoa pela qual estamos completamente apaixonados.

Pense naquela amizade que, por tantas vezes, foi motivo de postagens nos Stories, onde mostramos ao mundo, mesmo que por 24 horas, a nossa irmandade e a promessa de estar juntos até o final. Mas, com o tempo, as ligações começam a diminuir; antes eram diárias, agora se resumem a mensagens esparsas por algum aplicativo. As conversas se tornam mais raras, e, de repente, as horas se transformam em dias, os dias em semanas, as semanas em meses, e até os meses em anos. O que realmente aconteceu com aquela conexão? O que mudou entre vocês?

Passamos a viver ao lado da pessoa por quem nos apaixonamos cada vez mais e, aos poucos, vamos esquecendo de nós e das nossas relações. Vamos deixando de fazer coisas que sempre amamos e nos desculpamos quando nos damos a oportunidade de estar com outras pessoas que são importantes para nós. Se divertir garantindo a nossa individualidade passa a ser condenável, como se estivesse cometendo um crime e temos a necessidade de negar, dizendo: "Eu não estou mais nessa vibe", "Estou cansado, sempre mais do mesmo". Quando você sai de cena, deixa o personagem apaixonado no vestuário e vai para a cadeira de diretor, passando a observar de um outro ponto de vista; você tem outra perspectiva da situação. Está tudo bem ser intenso, o que não está certo é deixar de ser quem se é.

Ali se passaram um, dois, três meses e, depois, anos; e aquele amor se torna cinzento, escuro, em um lugar que só cabe a duas pessoas: você e o seu grande e sonhado amor. De repente, vem o destino e atira uma pedra na janela que imaginávamos estar blindada, impossível de quebrar, e nos damos conta de que esse vidro é tão sensível quanto cristal. Quando olhamos pela janela, notamos que o vidro está quebrado; saímos do ponto cego e percebemos que existem pontos de luz. Que existe um mundo fora do mundo que criamos.

Agora, vamos falar de amizade? Sempre temos aquele amigo ou amiga que é superespecial para nós e com quem gostamos de dividir o mundo. Aquela amizade em que ambos se priorizam; quando um dos lados tem algo e pode compartilhar, vem sempre o nome daquela pessoa para dividir o momento conosco. Aquela amizade que faz você parar o mundo e faz de tudo para que a outra pessoa esteja feliz; chega até a ir a lugares onde você se sente socialmente devastado, mas o que vale é a companhia.

Quando você vai comprar algo, sempre liga e pergunta: "Estou comprando isso, você quer?". Sabe aquela amizade que você sempre imagina que vai estar ao seu lado e que sempre vai ser seu porto seguro? De repente, as coisas começam a ficar estranhas e aquela irmandade que valia post no Instagram deixa de ser frequente. Dentro da nossa intensidade, passam milhares de coisas na cabeça. Os encontros que antes eram semanais passam a ser a cada duas ou três semanas e, depois, tornam-se mensais. Como qualquer pessoa intensa, você sempre se coloca do lado em que se questiona: "O que foi que eu fiz?", e segue normalmente a vida, ainda com esse questionamento interno.

Claro, como qualquer pessoa intensa, às vezes cometemos erros, e quem não os comete? Faríamos novamente? Depois de uma conversa, imaginamos até que tudo está acertado, mas a intuição de uma pessoa intensa é certeira: tem algo nessa escuridão que ainda não consigo ver. Qual é a nossa reação quando estamos nessa dúvida? Mandamos uma mensagem e perguntamos: "Está tudo bem?", e temos apenas uma resposta sem qualquer abertura para complemento: "Sim, está tudo bem!". Aquelas mensagens que antes eram trocadas o tempo todo, cada vez mais vão ficando espaçadas e agora são respondidas no final do dia ou quando são. Seguimos acreditando que está tudo bem, mesmo sabendo que há algo, mas, de repente, vem uma criancinha travessa e joga uma pedra contra a vitrine, porque sempre imaginamos essa amizade como um modelo inabalável. Quando percebemos, a moldura blindada se racha e começa a trazer feixes de luz.

Vamos agora falar sobre o trabalho? Passamos horas da nossa vida em um ambiente fechado, cercados de pessoas estranhas que nunca vimos antes. O tempo vai passando, vínculos e amizades vão se formando nesse ambiente, que transcendem o corporativo e passam para a vida pessoal. Nesse ambiente, passamos um, dois, três, cinco, dez, quinze anos e, mesmo em momentos difíceis, continuamos acreditando que ali é nosso lugar.

Aquele ambiente de luz que imaginamos passa a se escurecer e nos traz angústia, tristeza e ansiedade. Passamos a viver em uma escuridão martirizante, incapazes de ver um palmo à nossa frente. Estamos tão acostumados a nos deixar de lado que, mesmo sendo difícil e custando muito caro se levantar e ir trabalhar, aquele brilho que tínhamos e os sorrisos espontâneos vão deixando de ser frequentes.

Passamos a nos acostumar com o pouco, porque sempre nos contentamos com pouco e, mesmo sabendo que não cabemos mais ali e que aquele ambiente não merece a nossa presença, mesmo assim ficamos, por achar aquilo ideal para nós.

Todas as situações que mencionei aqui têm um certo extremo, mas é justamente para que possamos perceber até onde estamos dispostos a ir e qual o preço de tornar algumas escolhas únicas e possíveis, até o ponto de blindá-las, como se nada pudesse ameaçar seu destino. Mas existe uma força maior que vê o que não conseguimos enxergar e ouve o que não somos capazes de ouvir. Deus, em sua infinita sabedoria, nos envia sinais, tentando nos guiar para corrigir nossa rota de forma voluntária. No entanto, muitas vezes, somos incapazes de ver esses sinais, mesmo sabendo no fundo que precisamos ser resgatados dali.

Quando, de repente, nossa redoma de vidro se quebra, começamos a ver luz onde antes havia apenas escuridão. Através dessas frestas, começamos a observar o ambiente e perceber coisas novas. E mais importante ainda: nos vemos novamente, com clareza, e descobrimos que há um mundo inteiro à nossa disposição. O que você vê ao olhar por essas frestas?

Use essa luz que passa por elas como ponto de transformação. Acolha-se, aproveite a luz, assim como a semente precisa do ambiente e da temperatura certas para florescer. Não se contente com menos do que acredita merecer. Qual é o seu próximo passo para sair desse solo infértil e buscar o crescimento que você sabe ser capaz de alcançar?

Não tem problema amar, sentir e trabalhar demais, mas nenhum deles deve ser mais importante do que os nossos sentimentos e o nosso autocuidado. Não tem problema querer se proteger e se esconder às vezes, mas fique o tempo suficiente só para se proteger; saia logo que o coração acelerado voltar aos batimentos normais.

Não se acomode pensando que está em um ambiente seguro, pois o ambiente que achamos extremamente seguro pode fazer com que nos sintamos aprisionados; se isso acontecer, esse não é o lugar que devemos estar.

Falamos sobre os caminhos e situações que muitas vezes escolhemos, mas estamos realmente atentos aos sinais ao longo da jornada? Quando nossos vidros se quebram, temos a chance de ver a luz e nos reerguermos. Sentimentos de insatisfação e desconforto muitas vezes são os primeiros sinais de que algo não está bem. Quando se encontrar em um ambiente, pergunte-se: "Este lugar realmente me faz feliz?". Observe as pessoas e as situações ao seu redor: elas estão contribuindo para o seu crescimento ou te puxando para baixo? Como essas influências afetam sua jornada e suas escolhas?

A vida é uma eterna caminhada e sempre haverá momento para a autorreflexão como parte do processo de autoconhecimento. Então, reflita sobre suas prioridades e valores. Você está vivendo de acordo com o que realmente acredita ou está se adaptando para agradar os outros?

Não somos seres isolados, somos coletivos, e tudo o que fazemos impacta nossa rede. Por isso, reflita: suas relações são recíprocas e saudáveis? Se você está sempre dando e nunca recebendo, talvez seja hora de reavaliar essas conexões. O verdadeiro crescimento muitas vezes acontece fora da nossa zona de conforto.

Somos partes essenciais do nosso próprio universo, e o autocuidado é um ato de amor-próprio. Reservar um tempo para si fortalece sua autoestima e clareza mental. Além disso, o autocuidado envolve estabelecer limites para o que compromete nossa confiança ou desvia nossos valores. Como você tem cuidado de si mesmo para manter relações saudáveis e equilibradas?

A vida é como um caminho traçado no nosso Mapa Mental. Sabemos o ponto de partida, mas o ponto de chegada ainda é desconhecido. Já parou para refletir: o que realmente importa na jornada? Estar em ambientes e relações saudáveis e felizes é essencial, mas o que tem te impedido de buscar isso?

Por que celebramos tão pouco? Apenas as grandes conquistas recebem destaque, mas e os pequenos gestos de gentileza que podem transformar nossa alma? Você já percebeu o poder de um simples ato? Celebre cada passo em direção a uma vida mais saudável e positiva, pois isso reforça a verdade de que a mudança é possível, não importa o ritmo. Sair de um ponto cego é um processo gradual, que exige coragem e autoconhecimento. Você está pronto para enfrentar suas sombras? Reconhecer suas emoções e agir com autenticidade é o que te permite transformar a sua vida. Com quem você realmente se conecta? E, acima de tudo, lembre-se: a verdadeira mudança começa dentro de você.

ENTRE FEED E STORIES: O DESAFIO DE SER REAL

Hoje, o mundo se traduz nas redes sociais, um mundo paralelo em que não é permitido ser frágil, carente e triste. Nesse mundo, tudo é superficial e tão raso a ponto de ser possível enxergar o fundo, de tão cristalinas que as relações estão se tornando.

Nesse mundo, só são permitidas fotos sorrindo, citações que demonstrem um estado de espírito nem sempre real e lugares com milhares de pessoas, porque quanto mais, melhor. Declarações e desejos de amor eterno em demonstrações muitas vezes dignas de Oscar. São tantas maneiras de demonstrar popularidade, alegria e amor que você se surpreende. Geralmente, essa alegria dura o tempo suficiente para mudar os Stories ou, no máximo, a duração em que eles ficam no ar.

Nesse lugar, não se pode mostrar a vulnerabilidade, o dia não tão bom, a tristeza, a mágoa, a decepção; enfim, nesse mundo paralelo, não é permitido ser real, não é permitido ser quem somos e não é permitido ser simplesmente um ser humano com emoções extremas, qualidades e defeitos infinitos.

Nesse lugar, se compartilhamos um texto mais reflexivo, vem uma DM[3] perguntando: "O que aconteceu?". Muitas vezes, recebemos milhares de DMs e nos sentimos assistidos, percebendo que as pessoas se importam. Mas, ao mesmo tempo, nos sentimos presos, porque nossas emoções frágeis parecem ser impedidas de serem expostas, como se estivéssemos a ponto de cometer uma loucura. Não! Só queremos expor um dia ruim,

---

[3] A sigla "DM", nas redes sociais, significa "Direct Message" (mensagem direta, em inglês). Refere-se a uma função que permite o envio de mensagens privadas entre usuários, fora do alcance público dos feeds ou comentários.

uma reflexão que toca nosso coração e nos faz pensar, expandindo nossa percepção.

Esses dias, assisti a um TikTok em que uma pessoa dizia enquanto corria: "Descobri que eu combino com o conceito de um solitário conhecido: eu conheço muita gente, muita gente me conhece, mas meu ciclo de amigos é pequeno e, geralmente, eu estou sozinho". Essa frase me fez refletir, pois me identifiquei com isso. Mas aposto que o autor que postou isso pela primeira vez deve ter recebido milhares de DMs perguntando o que aconteceu e que seus amigos estão ali, e ele não precisa estar sozinho. Será? Será que ele também queria estar com alguém? Para que 200 pessoas ao seu redor se as trocas são rasas?

Eu costumo dizer: "Que tipo de relação você está construindo? A que compartilha nos Stories ou a que compartilha no Feed?". Isso diz muito sobre nós e sobre quem somos. À medida que envelhecemos, cada vez menos os Feeds são atualizados e cada vez mais os Stories são publicados.

Tem um filme que fala sobre como é importante aproveitar o aqui e o agora, e que tudo o que acontece fora daquele momento não importa; é você com você mesmo, oferecendo aos que estão ao seu redor a sua totalidade.

Dizem que temos uma cara metade, mas já parou para pensar que isso é se contentar com pouco? Já parou para pensar que não merecemos só metade? A não ser que o que você tenha a oferecer ao outro seja só metade; daí é uma escolha sua. Mas não se queixe quando alguém quiser te dar só metade enquanto você está se dando por inteiro. Por isso, seja sempre aquilo que gostaria que as pessoas fossem para você.

Como parte dessa reflexão sobre o seu lugar no seu mundo e no mundo das pessoas ao seu redor, lembro-me de uma entrevista da Marília Gabriela para Astrid, no canal GNT, que se encaixa perfeitamente aqui. Marília fala sobre as escolhas que fez no passado e as consequências que elas trouxeram para sua vida hoje. Ela descreve como, na época, sua jornada de trabalho agitada se sobrepôs à sua vida social. Nos momentos em que poderia estar com amigos, escolhia estar sozinha em casa. Hoje, ela entende que essa escolha a levou a uma vida solitária, e quando se afastou dessa vida "social", foi aí que percebeu o que realmente significava solidão. Seu celular nunca toca e seus finais de semana são solitários. E o mais admirável é que, com tanta clareza, ela reconhece que foi uma solidão construída.

O que suas escolhas de hoje podem estar criando para o seu amanhã? Quais são as conexões que você está deixando de lado em busca de um objetivo que, no final, talvez não traga a felicidade que você imagina?

Isso me faz refletir: que tipo de pessoa estou me tornando? Que tipo de marcas, no bom sentido, tenho deixado nas pessoas? De que forma quero ser lembrado por aqueles que conviveram comigo? Que tipo de lembrança quero ser? Você está se tornando aquela pessoa que ocupa o rolo da câmera do celular de alguém? Que tipo de relação você tem oferecido aos outros: o Feed ou os Stories? Se você está dando o Feed e recebendo os Stories, reflita e reorganize suas prioridades.

[4]Se alguém algum dia foi seu Feed e hoje faz parte dos seus Stories, não se envergonhe e, muito menos, apague, porque isso diz muito mais sobre você do que sobre o outro. Sinta orgulho desse Feed, pois com certeza ele contribuiu para a pessoa que você se tornou hoje. Mas o que você tem construído até aqui? Quais experiências e relações estão moldando quem você é hoje?

Só podemos oferecer aquilo que temos, mas nunca seja apenas uma oferta. Um dia, de tanto dar e nunca receber nada em troca, você pode se ver sem o que oferecer àqueles que realmente merecem. O que você tem dado a si mesmo? Tem sido capaz de cuidar e nutrir suas próprias necessidades, ou tem deixado sua energia esgotada? Por isso, é importante ressignificar e reorganizar; reveja quem são seus Feeds e quem são seus Stories. Eles estão ocupando o lugar que realmente merecem em sua vida? Se perceber que não, reorganize-se e siga em frente, pois há muitos Feeds por aí querendo fazer parte da sua história.

---

[4] "Feed", nas redes sociais, refere-se à área principal na qual as postagens dos usuários são exibidas de forma contínua e cronológica, permitindo que outros vejam atualizações, fotos, vídeos e outros conteúdos. Já os "Stories", são postagens temporárias que desaparecem após 24 horas e aparecem de forma destacada na parte superior do perfil ou da tela inicial de algumas redes sociais, permitindo um compartilhamento mais espontâneo e efêmero de momentos.

NOSSAS PERGUNTAS TIVERAM TODAS AS RESPOSTAS?

A todo momento, somos bombardeados com assuntos dos mais variados possíveis. Chega a ser inimaginável chegar a alguma conclusão, sem generalizações, mas somos mais perguntas do que respostas. A vida é isso: um eterno questionamento.

Quando éramos crianças, nossas perguntas não tinham complexidade e poderíamos até chamá-las de curiosidades, pois estávamos descobrindo o mundo. Muitas vezes éramos questionados, mas questionávamos muito mais.

Qual é o seu brinquedo favorito? Você gosta mais de cachorros ou de gatos? Qual cor você mais gosta? O que você gosta de fazer no parque? Qual é a sua comida favorita? Onde você mora? Qual é a sua música favorita? Quem é o seu melhor amigo? Você gosta mais de brincar na areia ou na água? O que você quer ser quando crescer?

Parece que essas são perguntas simples de se responder; algumas, talvez, e outras, um pouco mais complicadas. Muitas vezes, complicamos o que não precisa ser complicado, como se tivéssemos a necessidade de encontrar problemas. Tudo poderia ser tão mais simples, tão mais leve. Mas, se não temos um peso na nossa mochila, chegamos a acreditar que há algum problema, até quando não há. Poderia ser simples e continuar fazendo perguntas de maneira mais leve, assim como fazemos quando somos crianças.

Qual brincadeira você mais gosta? Qual é seu maior sonho? O que você quer ser quando crescer? Qual é a sua fruta preferida? Qual é a sua cor preferida? Do que você tem medo? O que te deixa mais feliz?

São inúmeras perguntas, e dependendo da forma como são conduzidas, algumas questões fazem com que essa criança cresça com recortes e traumas que podem levar uma vida para serem curados. Somos moldados de acordo com o ambiente e as pessoas que convivemos. Já pensou em uma criança que está descobrindo o mundo e como ela recebe e internaliza essa carga negativa?

Tudo vai se tornando e crescendo de forma silenciosa; a ansiedade passa a ser considerada frescura de criança mimada. Dessa forma, como mecanismos de defesa, ela vai se fechando e criando um mundo só dela, onde acha que pode estar protegida.

O maior sonho de um adolescente é tirar a habilitação só para não precisar que ninguém o leve e busque. Chega a parecer que fazer 18 anos é a solução de tudo, mas é apenas a abertura de uma nova página. Mas antes disso, vem a adolescência. Nessa época, tudo acontece; somos tudo e nada ao mesmo tempo. Questionamos o mundo, a mãe, o pai e, por que não, a vida. Somos rebeldes sem causa.

Por que eu não posso sair com meu amigo? Por que não vamos para essa festa? Será que ele(a) gostou do meu beijo? Como vai ser nossa colação de grau? Como vou me declarar para ele(a)? Quando descobri que estava apaixonado, não soube o que fazer, e surgiram milhões de perguntas: "Por que não nos escolhemos?", "Você ainda é virgem?", "Como vou te esquecer?".

Nossas preocupações eram pequenas e muitas vezes irrelevantes; todas as nossas dúvidas tinham referência no futuro e nunca no agora. A ansiedade de viver era tão grande que esquecíamos de viver o momento. Deixamos de dar aquele beijo de alma porque estávamos preocupados com o que seria depois: se a pessoa estava gostando, se nos veríamos no dia seguinte ou se namoraríamos. Olha onde a ansiedade nos leva: desaprendemos a esperar e a apreciar o instante, o momento, o agora.

Deixamos de dizer "eu te amo" só pelo medo de não saber como seria a reação do outro e, principalmente, a nossa própria reação caso a resposta não correspondesse à nossa expectativa. Estamos tão focados no futuro que ficamos com "preguiça" do processo.

A transição da adolescência para a vida adulta é marcada por uma busca intensa de respostas. Começamos a questionar o mundo, a vida e até mesmo a nossa fé. Muitas vezes, nossa espiritualidade vai ficando em segundo plano, deixada de lado em nome de uma saída com os amigos ou de simplesmente ficar em casa, fazendo nada. Nesse processo, nos afastamos de quem deveríamos estar mais próximos. Mas o que realmente estamos buscando nessa fase da vida? Estamos correndo atrás de uma aprovação externa, de pertencermos a uma bolha, de um grupo que muitas vezes não reflete quem realmente somos?

Essa bolha, que deveria ser um refúgio, na verdade, muitas vezes, nos distancia de nós mesmos. Por que nos perdemos tanto tentando se encaixar? A busca incessante pela melhor experiência, pela validação do futuro, nos faz esquecer de viver o presente. Quando foi a última vez que você se permitiu simplesmente ser, sem pressa de chegar a algum lugar ou de agradar aos outros?

Quando finalmente chegamos à fase adulta, carregamos muitas marcas da infância e da adolescência. Marcas de quem achávamos que deveríamos ser, de planos para um futuro idealizado, enquanto deixamos de lado o simples fato de sermos quem realmente éramos. Quantas vezes deixamos de amadurecer de forma verdadeira, focando apenas no que queríamos ser, e não em quem estávamos nos tornando no caminho?

Na vida adulta, nossas questões se tornam mais complexas. As dúvidas deixam de ser sobre o que queríamos ser quando crescêssemos ou se já havíamos vivido experiências, e se transformam em questões profundas sobre quem realmente somos e o que queremos para a nossa vida. Já parou para refletir sobre o que você realmente busca agora? O que realmente importa neste momento da sua jornada?

E, para atravessar esse vale das dúvidas, é preciso coragem para olhar para dentro. Talvez seja hora de permitir-se fazer essa travessia com a ajuda que você merece, seja ela através de um terapeuta, um amigo ou uma conexão mais profunda consigo mesmo(a). Porque, ao final, o maior aprendizado de todos é entender que as respostas nem sempre vêm de fora, mas de dentro de nós mesmos. Você está pronto(a) para se ouvir e, finalmente, se entender?

Como será a experiência do meu primeiro emprego? E se eu mudar de caminho e tudo der errado, o que vou fazer? E se eu disser algo que coloque minha credibilidade em risco? Como será a reação das pessoas se eu admitir que estou errado? Por que é tão difícil expressar o que sinto para aqueles que realmente importam? O que me impede de compartilhar minhas histórias com quem eu mais confio? E, por que, às vezes, os amigos não correspondem às expectativas que criamos em relação a eles?

E quando paramos para olhar no retrovisor da nossa história, tentando entender um pouco dos nossos comportamentos, traumas e remorsos, tudo vai ficando mais difícil. Somos acumuladores de uma vida. Porque é muito mais difícil enfrentar um fantasma do passado do que olhar para o futuro. Por isso, talvez gastemos mais tempo no futuro do que tentando entender nossos erros e falhas no presente. A famosa fuga.

O pior fracasso é quando desistimos de nós só para não ter o trabalho de mexer em gavetas entreabertas, mas esquecemos que passamos a maior parte do tempo fazendo perguntas, em vez de buscar respostas.

Passamos a maior parte do tempo em dúvida sobre qual escolha fazer. Sabe por quê? Porque ter que escolher pode deixar alguém não tão feliz. Então, optamos por deixar o outro feliz em vez de fazer escolhas que preservem nossos valores.

Quando adultos, na maioria das vezes, não bancamos nossas escolhas; preferimos o barulho interno, zelando pelo bem-estar da relação. Somos seres relacionais, mas deveríamos ser seres que buscam e escolhem o melhor para si. Que fazem seus questionamentos internos, buscam respostas e saem dali melhores do que entraram. Quando escolhemos pelo outro, evitamos o conflito externo, mas aumentamos nosso conflito interno.

Passamos tanto tempo gastando nossa energia com o que já passou e com o que nem sabemos se virá, que muitas vezes nos esquecemos do que realmente importa: o presente. Por isso, busque sempre suas respostas. Não acumule perguntas sem fim, acumule respostas, pois são elas que nos mostram o caminho, que nos revelam quem realmente somos e nos ajudam a compreender o propósito da nossa jornada.

Seja sua melhor escolha. Seja sua melhor decisão. Seja a sua melhor pergunta. Mas, acima de tudo, seja sempre sua melhor resposta.

O que tanto procuramos fora de nós, muitas vezes já está dentro, caminhando conosco a todo momento. Basta parar, silenciar e ouvir a nossa voz interior, que traz todas as respostas que precisamos. Alguns chamam isso de intuição, outros de energia, outros de Deus... Mas eu prefiro acreditar que esse lugar se chama *eu*. E você, já parou para escutar sua voz interior hoje?

LUZ OU SOMBRA: QUAL É A SUA ESCOLHA?

Você já refletiu sobre ser luz ou sombra? Todos nós temos um lado de luz e um lado de sombra; ninguém é luz o tempo todo, nem sombra o tempo todo. Claro que existem prevalências, mas ninguém é uma única coisa. Como você lida com a sua sombra? Você já parou para observar o que ela tem a ensinar?

Há momentos em que nosso coração está cheio de sombras e só conseguimos ver as coisas sob uma perspectiva negativa. Sabe aquela sensação de que nada dá certo? Às vezes, a insegurança aparece e, por mais que as pessoas digam que tudo vai dar certo, essa sombra negativa pode ser tão grande que nenhuma fresta de luz consegue atravessar o céu cinzento. É nesses momentos que a sombra nos desafia: será que estamos deixando que ela tome conta de nós, ou estamos aprendendo a caminhar com ela, sem permitir que ela nos defina?

Em alguns dias, a luz será predominante, enquanto em outros, não. Mas a luz sempre existirá; apenas estará distante de nós, porque somos aquilo que pensamos. Mas será que estamos nos permitindo viver a luz que existe dentro de nós, ou estamos focados demais nas sombras que nos cercam?

As dificuldades sempre estiveram presentes. O que realmente define você é como reagirá diante delas: será luz ou será sombra? Quando a dor bater, você irá se curvar para a escuridão, ou buscará, ainda que timidamente, um caminho para a luz?

Sabe quando você caminha e vê sua sombra refletida no chão? Conforme você anda e a direção do sol muda, ela pode aumentar ou diminuir. Mesmo nos dias difíceis, busque extrair algo que te impulsione. O desânimo pode aparecer, especialmente se já aconteceu mais de uma vez. Quando isso acontece, o que você escolhe fazer: afundar-se na sombra ou usar a luz dentro de si para se levantar? Reflita sobre a situação, use seu repertório e direcione suas atitudes sempre em direção à luz, ao otimismo e ao entusiasmo.

Mas será que você tem sido honesto consigo mesmo sobre sua sombra? Às vezes, a sombra se esconde sob a máscara da perfeição e da aparência, mas a verdade é que todos temos partes de nós que preferiríamos não enfrentar. Se você cultiva pensamentos otimistas, sua luz se expande. Por mais que a sombra tente invadir e romper esse ciclo, a luz brilhará mais forte e a sombra desaparecerá. Será que você tem dado espaço para a luz brilhar, mesmo nas pequenas coisas do cotidiano?

Somos seres humanos e, às vezes, dá vontade de atirar alguém pela janela ou mandá-lo para bem longe em momentos de descontrole. Está tudo bem; na hora da raiva, podem sair coisas de dentro de você que não são verdadeiras. Mas quando a adrenalina sobe, as palavras simplesmente vêm à tona. Esses momentos de raiva, de onde vêm? Seriam apenas explosões de nossa sombra? Se isso não acontece apenas na raiva, pare e repense: talvez sua sombra esteja maior que sua luz, e esse pode ser o momento de ajustar a rota e adequar seu comportamento e pensamento.

Eu sou luz e sou sombra. Você é luz e você é sombra. Somos luz e somos sombra. Já viu sombra no escuro? A sombra só existe porque há luz. Será que estamos deixando que nossas sombras nos guiem, ou estamos nos permitindo ser a luz que, por natureza, somos? Portanto, deixe sua luz se expandir e alcançar o máximo de pessoas ao seu redor.

O autoconhecimento é um dos maiores presentes que podemos nos dar. Olhar para nossas emoções, entender quais são predominantes e como elas impactam a nossa vida e o mundo ao nosso redor, é fundamental. Mas será que realmente paramos para refletir sobre isso? Será que conseguimos olhar para nossas sombras com a mesma compaixão com que olhamos para a nossa luz? Às vezes, nossos pensamentos são como vulcões adormecidos, explodindo em momentos de incertezas. E então, é essencial perguntar:

esses pensamentos me levam a uma visão mais esperançosa e construtiva ou a uma perspectiva negativa e limitante? Você tem se permitido mudar seus pensamentos e ver a vida sob uma nova perspectiva, ou tem se aprisionado às velhas crenças? Eles estão me ajudando a crescer ou me prendendo no lugar de onde quero sair?

E, a partir disso, vale a reflexão: as ações e escolhas que estou fazendo agora refletem a minha essência e minha verdadeira identidade? Ou existem comportamentos que me fazem me sentir desconectado de quem realmente sou? O que, dentro de mim, precisa ser iluminado para que eu possa me tornar a melhor versão de mim mesmo?

Quando nos sentimos perdidos e no escuro, é natural buscar a luz. Mas será que estamos realmente buscando a luz dentro de nós, ou apenas fora, em algo ou alguém? No fundo, todos nós queremos sair desse lugar de incertezas mais fortes e renovados. Pode ser pela fé, pelo autoconhecimento, pela terapia, ou até mesmo por um simples gesto de carinho. Qual é a verdadeira luz que você está buscando? A luz externa ou aquela que já reside dentro de você, esperando para ser liberada? A verdadeira luz é aquela que nos guia para a mudança que tanto desejamos.

SONHAR É RECOMEÇAR TODOS OS DIAS

Às vezes, ficamos perdidos diante dos acontecimentos impostos pela vida e chegamos a duvidar de finais felizes. Nesses momentos, questionamos tudo e todos, tentando buscar respostas onde não há dúvidas.

Tudo tem um propósito, e tudo acontece no tempo que precisa acontecer: nem antes nem depois, precisamos olhar para uma determinada situação e extrairmos um aprendizado. Se não aproveitarmos esses momentos, perderemos a chance de evoluir como pessoas, e a roda da vida colocará novamente a mesma situação à nossa frente. E, então, questionamos a Deus: "Por que eu de novo? Só acontece comigo?".

Com isso, podemos acabar perdendo nossa força motriz, que nos trouxe até aqui. Vamos perdendo nossa capacidade de sonhar e, quando isso acontece, um ser humano pode sentir que perdeu o entusiasmo pela vida ou se contentar com aquilo que tem, sem pensar em evoluir.

Durante nossa caminhada, a vida nos impõe situações para que possamos aprender, tirar o melhor delas e construir nosso futuro dia após dia, sem esquecer do presente, porque o que fazemos com ele é o que definirá o futuro que teremos.

Sonhar faz parte de nós, seres humanos, pois estamos eternamente em busca de algo e de um propósito. Quando perdemos a capacidade de sonhar, também perdemos a capacidade de compreender nossa missão de vida.

Augusto Cury tem uma frase incrível sobre o que torna a vida sem sonhos: "Sem sonhos, as pedras do caminho tornam-se montanhas, os pequenos problemas se tornam insuperáveis, as perdas se tornam insuportáveis, as decepções transformam-se em golpes fatais e os desafios em fontes de medo".[5]

---

[5] CURY, Augusto. *Nunca desista de seus sonhos*: a força que vem de dentro. 8. ed. São Paulo: Planeta, 2006.

Aqui, voltamos às escolhas: qual é a sua decisão sobre o seu futuro e seus sonhos?

Muitas vezes, pensamos em desistir, jogar tudo para o alto e que se dane. Mas por que desistir? Por causa das dificuldades? Ou pelo medo de encontrar no futuro aquilo que mais tememos? Não perca sua capacidade de sonhar. Quando isso acontece, começamos a achar o mundo mais triste, as pessoas mais aborrecidas, chove mais do que faz sol, vemos as pessoas como improdutivas e cheias de defeitos. Começamos a exigir perfeição do outro, mesmo sendo cheios de falhas. Perdemos nossa capacidade de esperar e, com isso, vamos perdendo a beleza do processo.

Tudo na vida requer dedicação, empenho, objetividade e determinação. A única coisa que cai do céu é chuva ou cocô de passarinho. Se você perder sua capacidade de lutar, perderá a capacidade de sonhar e, com isso, irá sobrevivendo, mas não vivendo de verdade. Nada na vida é fácil; as adversidades estão sempre presentes, mas temos a capacidade de lidar com cada uma delas e superá-las. Deus não dá um fardo maior do que aquilo que podemos suportar.

Sonhamos o tempo todo e, conforme vamos amadurecendo, alguns dos nossos sonhos mudam, e está tudo bem mudar; não somos mais o que fomos há um segundo.

Está tudo bem mudar, mas mude apenas se isso fizer sentido para a sua vida, e não por causa das dificuldades que surgem. Se você escolheu desistir por conta das dificuldades, chegou o momento de puxar o freio de mão, fazer uma pausa obrigatória e reavaliar.

Busque sair do olho do furacão e olhar a situação de cima; pense nas possibilidades, pense em você: qual lugar do mundo você ocupa e qual lugar do mundo quer ocupar? Escolha sempre continuar. Se algo der errado, desistir não é uma opção; refaça os caminhos, busque desvios se necessário, mas escolha seguir sempre.

Sonhar é traçar caminhos, fortalecer destinos e construir o futuro que quero ter e, principalmente, o que quero ser. Isso diz muito mais sobre nós do que qualquer outra coisa. Se quiser fazer uma pausa, faça, mas continue. Sonhar também é recomeçar todos os dias.

QUAL É O TAMANHO DO SEU PROBLEMA?

Quando somos crianças, não temos grandes preocupações. No entanto, conforme vamos crescendo, criamos uma cultura de problematização. Algo que nunca foi um problema passa a ser. Começamos a procurar problemas em tudo, em qualquer situação; sempre poderia ser melhor.

Passamos minutos reclamando do calor e do tempo seco, mas, quando chove, também encontramos motivos para reclamar. Muitas vezes, precisamos beber uma taça de vinho para relaxar, e então surge a pergunta: por que você está bebendo? O paradoxo se revela: se não bebe, dizem que não sabe se divertir, mas, se bebe, questionam o motivo.

Passamos parte da nossa vida buscando um amor, às vezes como se nossa felicidade dependesse disso. Dizemos aos outros: "Quero namorar", mas quando alguém se aproxima, muitas vezes respondemos: "Não estou pronto". Ninguém nasce pronto; todos nós nos tornamos algo ao longo do tempo.

Queremos tanto, mas ao mesmo tempo parece que não queremos nada, porque tudo se transforma em um problema. A maioria das pessoas passa mais tempo reclamando do que agradecendo. Estamos tão condicionados a uma visão egocêntrica que somos incapazes de perceber isso.

Temos muito mais a agradecer do que a reclamar. Contudo nosso problema muitas vezes parece maior do que o do próximo. Quando não estamos problematizando, comparamos nossas vidas com as dos outros, e o que não era um problema torna-se um. A comparação adoece as pessoas.

Mas já parou para pensar que estamos vendo apenas uma fração do que as pessoas realmente mostram ao mundo? Elas podem estar lidando com problemas muito mais sérios do que os nossos. E o inverso também é verdadeiro: enquanto você admira algumas características de outra pessoa, ela pode estar fazendo o mesmo em relação a você.

Nós, seres humanos, devemos expandir nosso olhar para o mundo e ver o que acontece além das nossas muralhas, cultivando uma visão mais empática e solidária. Isso nos ajuda a perceber como as coisas estão bem ao nosso lado, mesmo quando não são perfeitas. O mundo é muito maior e está cheio de problemas que desconhecemos.

Muitas pessoas dividem o pouco que têm com seus filhos, vivendo em espaços pequenos, mas conseguem acordar todos os dias e lutar por um pouco mais de dignidade. Há quem deseja estar em nossa posição, não para ter o que temos, mas para ter mais uma oportunidade de vida, a mesma que muitas vezes não valorizamos.

Se pararmos e genuinamente expandirmos nossa visão, devemos refletir: qual é, de fato, o tamanho do meu problema? Esse problema é realmente um problema ou algo que posso ajustar e seguir em frente? A ideia aqui não é diminuir o que sentimos, mas avaliar se realmente nossos problemas são tão complexos quanto classificamos.

Aquela frase que diz que, no final do dia, a maioria dos problemas é idealizada ou irreal é bem verdadeira. Quando sair e for ao parque, tente esvaziar os pensamentos egoístas. Respire fundo e comece a perceber que há um mundo diante dos seus olhos, com milhares de pessoas e histórias diferentes, algumas com problemas reais e outras com problemas idealizados.

Devemos começar a entender nossas questões internas, afastando-nos do centro e observando-as sob uma nova perspectiva. E se, em vez de nos julgarmos, agíssemos como juízes imparciais? Já parou para pensar no quanto isso poderia nos ajudar a olhar para nossas próprias questões com mais compaixão? Sente-se como um juiz agora e comece a analisar os fatos com olhos mais calmos, sem pressa de julgar. Isso me lembra do filme *A Cabana*, inspirado no best-seller de mesmo nome, no qual o personagem, em sua dor, questiona Deus, mas é confrontado por uma sabedoria que revela escolhas profundas e dolorosas.

Passamos tanto tempo julgando os outros, mas e quanto a nós? Estamos realmente preparados para encarar nossas próprias sombras? Não seria mais fácil, às vezes, apontar o dedo para os outros do que encarar nossas próprias falhas e desafios?

Sentados na cadeira da sabedoria, precisamos nos questionar: será que nossos problemas seriam classificados da mesma forma por um júri? Como seríamos julgados, de fato, por nossa própria consciência? Será que somos tão duros conosco quanto somos com os outros?

O que chamamos de "problemas" muitas vezes surge quando sentimos que não temos controle sobre a situação. Mas será que não estamos apenas confundindo adversidade com um problema real? Aquilo que podemos controlar e aprender é uma adversidade, e não um fardo insuportável. O que parece ser um problema, muitas vezes, é apenas uma lição disfarçada. Você já se perguntou se o que você vê como um "problema" não seria, na verdade, uma oportunidade de aprendizado?

Vamos, então, limpar nosso campo de visão, sair do centro do "problema idealizado" e realmente tentar entender a situação de forma mais ampla. Já tentou vestir os sapatos de outra pessoa e se perguntar: qual é o real tamanho do meu "problema"? Ou, quem sabe, ele não seja um problema de verdade?

O TEMPO QUE PODEMOS NÃO TER

Hoje acordei pensando sobre o ato de dizer. Talvez o que digamos transcenda a simples fala; podemos expressar milhares de coisas sem emitir uma única letra. Perdemos tempo demais tentando ser o que não somos. Muitas vezes, queremos passar uma imagem que nem de longe refletimos.

Vivemos a ilusão de interpretar um personagem, escondendo nossas melhores nuances, acreditando que podemos ser mais queridos em qualquer lugar. No entanto, nem sempre as coisas são como gostaríamos que fossem. Passamos a maior parte do nosso tempo buscando e esperando o estado da perfeição, mas será que somos tão perfeitos para esperar algo na mesma dimensão?

Nessa busca incessante de parecer o que não somos, gastamos aquilo que temos de mais valioso no mundo: o nosso tempo. Quando chegamos a este mundo, viemos com um propósito: ser quem somos, demonstrando nosso melhor, mas também nosso pior. E que o nosso pior nos traga aprendizados que transcendam nossa compreensão. Independentemente de qualquer crença, por que gastamos tanto tempo sendo aquilo que julgamos ser o melhor? Melhor para nós? Ou melhor pela perspectiva de outrem?

Por que escondemos nossas melhores qualidades para nos encaixar em expectativas que não são nossas? Claro, não estamos aqui para tudo ou nada; somos responsáveis por nós mesmos e por aqueles que estão ao nosso redor e que têm algum tipo de relação conosco. O que não precisamos é lidar com as expectativas alheias; o que os outros esperam de nós é responsabilidade deles, não nossa. No entanto, muitas vezes, ao tentar corresponder a essas expectativas, escondemos muito de nós mesmos.

Deixamos de ser o que somos para nos tornarmos o que os outros querem que sejamos.

Qual deveria ser nossa resposta quando isso acontece? Investir mais tempo sendo simplesmente nós mesmos! Viver intensamente e plenamente o nosso eu! Já temos que lidar com nossas próprias expectativas, que por vezes nos frustram. Por que, então, assumir essa responsabilidade quando é do outro? Isso é uma demanda que não precisamos trazer para a nossa vida; o que os outros pensam ou esperam de nós diz muito mais sobre eles do que sobre nós. A não ser que tenhamos feito algum tipo de compromisso, é o outro quem deve lidar com as expectativas que são exclusivamente dele.

Passamos tanto tempo buscando uma imagem de nós mesmos, e muitas vezes não nos encaixamos nessa imagem que criamos. Os motivadores que nos levaram a criar essa imagem não são os mesmos que geralmente nos representam. Sabe por quê? Somos indivíduos que pensam e têm valores e princípios diferentes. Aquele ditado sobre a roupa emprestada se aplica aqui: "não é porque usamos o mesmo número de roupas, que elas nos servem perfeitamente". O caimento pode ser diferente, e assim nos sentimos desajeitados e desconfortáveis. Assim é a imagem que tentamos incansavelmente ser. Mais uma vez pergunto: por que gastamos o que temos de mais valioso, perdendo a chance de ser quem realmente somos?

Por que desperdiçamos tanto o que temos de tão pouco? Parece que 3.650 dias são muitos anos, e 365 dias são muitos dias. Concordo que pode até parecer, mas passa tão rápido que, quando percebemos, podemos não ter nem uma pequena parte do tempo que gastamos tentando ser algo que não somos.

O tempo passa rápido demais. Há pessoas que têm meses de vida e gostariam de ter aquilo que julgamos ter e desperdiçamos: o tempo. Há meninas que não poderão ser mães, meninos que não se tornarão pais, pais que não se tornarão avós, e crianças que não chegarão a viver a adolescência. Sabe o que essas pessoas fazem no dia a dia, sem ter a mesma oportunidade que nós? Elas são apenas elas mesmas. Porque o pouco que possuem já é tudo, e não querem desperdiçar o restante do pouco tempo que têm sendo quem elas não são. Elas apenas querem aproveitar o pouco da melhor forma possível.

Diante de tudo isso, ainda não sei por que insistimos tanto em gastar algo que é finito e do qual nem sabemos quanto ainda nos resta. Verdadeiramente, não sei. Imagine que este minuto será o seu último. Responda a esta pergunta: você foi o que gostaria de ser? Aproveitou tudo o que pôde? Disse às pessoas que conviveram com você o quanto eram importantes? Se este minuto fosse o seu último, quais seriam suas respostas? Pediria mais tempo para fazer o que não fez? Se for, por que gastou tanto tempo sem fazer o que já deveria ter feito?

Escolhemos sempre o caminho mais tortuoso e nunca usamos esse tempo da melhor forma. Nossas escolhas não afetam apenas a nós, mas toda a cadeia à nossa volta, pois estamos nos relacionando com outras pessoas, independentemente do grau dessa relação, por um propósito muito maior, e as nossas escolhas interferem diretamente no contexto.

Este é um texto que convida à reflexão, mas se fosse seu último minuto, você partiria sentindo a falta de dever cumprido? Então, aproveite enquanto ainda tem tempo, porque logo pode ser tarde demais.

DIZEMOS TANTO E FAZEMOS TÃO POUCO

Passamos muito tempo da nossa vida dizendo "quando eu", condicionando nossa felicidade a ser algo além do que já somos. Não estamos aqui para depender de algo ou alguém; estamos aqui para ser o que somos, cheios de qualidades e defeitos. Esses defeitos nos levam a buscar, a cada dia, sermos mais empáticos, solidários e cheios de fé.

Estamos aqui não apenas para dizer, mas para buscar ser algo melhor para nós e para aqueles que nos cercam. A vida não é condicional, ela é determinante, e temos que aproveitá-la ao máximo. Para viver, não bastam palavras; é preciso movimento, ação e atitude.

A cada dia, nos distanciamos da nossa fé, deixando esse lado de fora. Se parássemos para olhar para dentro, as prioridades seriam revistas. Há uma música que diz: "A gente perde a saúde para ter mais dinheiro, a gente perde dinheiro para ter mais saúde. A gente quase não para, para falar com Deus, mas quando a vida para, é só Deus me ajude".[6] Essa música diz muito sobre nós. Esquecemos de alimentar nossa espiritualidade, deixando o invisível de lado ou não o priorizando como se deve. Mas, entre o invisível e o visível, prefira sempre o invisível, pois, apesar de tudo, Ele sempre deseja o nosso bem, mesmo que naquele momento não consigamos compreender.

Passamos o tempo dizendo e não agindo. Dizer "eu te amo" é algo que todos fazem, mas poucos realmente mostram esse amor. Muitos afirmam se importar com você, mas, na sua menor dificuldade, não estão ao seu lado. Muitos dizem que as experiências juntas são incríveis, mas uma atitude simples revela que não é bem assim.

---

[6] SOBREVIVER. Intérprete: Claudia Leitte. Compositores: Cleitinho Persona, Elizeu Henrique, Lucas Nage, Nagetta. In: Intemporal. São Paulo: [s. n.], mar. 2024. Faixa 11. (3min 6s).

As pessoas estão acostumadas a falar pela simples necessidade de dizer algo, como se permanecer em silêncio fosse um crime. Às vezes, a situação pede silêncio, mas, de repente, vem aquele barulho ensurdecedor de dentro e, ainda pior, de fora: palavras vazias que não levam à conclusão nenhuma.

Sabe quando dizem que, quando alguém realmente se importa com você, estar ao seu lado, até em silêncio, te reconforta? Sim, isso existe. Gastamos nosso tempo dizendo e fazendo pouco. Perdemos o que temos de mais valioso falando muito, mas dizendo coisas que levam a lugar nenhum. O verbo aqui deveria ser outro: ação. Ninguém vai a lugar nenhum apenas com palavras.

Palavras têm poder, é verdade. Elas podem reconfortar, orientar e até abraçar, mas, no final das contas, o que realmente fala mais alto é a atitude. Já parou para pensar o quanto uma ação pode ser mais significativa que mil palavras? Às vezes, nem é preciso falar, pois o que dizemos com o coração se reflete em tudo que fazemos.

Ser importante para alguém não é apenas estar presente em momentos visíveis, mas também ser lembrado de forma espontânea, mesmo quando não há razão aparente. Como você tem se feito presente na vida dos outros? Já percebeu o impacto que um simples gesto de carinho pode ter na vida de alguém?

Ana Maria Braga foi certeira ao afirmar: "Presta atenção no valor que as pessoas te dão, porque ninguém é tão ocupado assim. Tudo é questão de prioridade". E você, tem priorizado aqueles que realmente importam na sua vida?

Se, algum dia, você não receber nada em troca, nem palavras nem gestos, o que fará com isso? Vai se sentir frustrado ou verá isso como uma oportunidade de aprendizado e crescimento? Lembre-se: o mundo está cheio de pessoas esperando por gestos de carinho e, às vezes, um simples "Oi, como você está?" pode abrir portas que você nem imaginava.

VOCÊ ESTÁ NA LISTA DE ESPERA?

Todos os dias, acabamos entrando em filas; isso se tornou comum para nós. Sempre haverá uma fila, por menor que seja, em qualquer lugar.

Se você quer antecipar o voo, há uma fila de espera. Para comprar ingressos de um show internacional, também há uma fila. Para ir a um bom restaurante, fila de espera. Para comprar um tênis que acabou, fila de espera. No banco, fila de espera para falar com o gerente. Em um processo seletivo, fila de espera.

Enfrentamos filas diariamente: na padaria, no supermercado, no estacionamento, no parque, na farmácia, no call center e até em chamadas de telemarketing, em que a espera é silenciosa ou preenchida por músicas clichês.

Mas será que você precisa enfrentar mais uma fila nas suas relações? Se você é tão importante como dizem, por que ficar na fila de espera? Sua presença é realmente tão relevante que um convite é feito apenas por educação?

É normal enfrentar filas no dia a dia, mas não negocie seus valores a ponto de achar aceitável estar em uma lista de espera. Se isso acontecer, saia imediatamente, especialmente se você tem um senso de prioridade em suas relações.

Recebemos sempre a desculpa da correria. Por um tempo, até entendemos, mas será que essa "correria" é tão grande que não cabe uma mensagem? É verdade, todos vivemos "corridos", mas temos um celular que aproxima e afasta as pessoas. Existem várias oportunidades de responder a uma mensagem e não a deixar em espera. O "depois respondo" vai acumulando e, quando percebemos, passaram-se dias, e só recebemos resposta porque enviamos uma nova mensagem.

Sempre encontramos uma maneira quando realmente queremos. Furamos filas e colocamos o outro à frente, mesmo que isso cause congestionamento. Por que fazemos isso? Porque realmente nos importamos e priorizamos.

Avalie se vale a pena esperar por uma demonstração de afeto. Não aceite filas de espera quando você oferece o primeiro lugar. Há uma música da Simone que fala sobre aceitar e se contentar com pouco, que se chama *Migalhas*: "Eu não quero mais ser da sua vida, nem um pouco do muito de um prazer ao seu dispor, quero ser feliz, não quero migalhas do seu amor". Aceitar pouco nos condiciona a sonhar pequeno, amar pequeno e, pior, a oferecer e aceitar pouco.

Isso se torna um hábito, e quando recebemos algo grandioso, acreditamos que não somos merecedores. Por quê? Porque sempre nos contentamos com pouco. Quando alguém quer nos dar o que merecemos, achamos que é demais e desconfiamos.

Aceite o que vier, respeitando a margem de erro — um pouco mais ou menos. Seja sempre grande. Se alguém lhe oferecer algo que você considera pequeno, você tem a opção de aceitar ou não, mas antes agradeça e depois, siga em frente.

Enquanto você se contenta com pouco, há milhares de pessoas esperando um movimento para ser grande, amar grande, ser do tamanho que merecemos. Por isso, reorganize suas prioridades, ajuste sua rota e reponha os sentimentos em seu baú antes que fique vazio.

O dia de hoje foi um aprendizado, mas ele já passou e não podemos alterá-lo. O que podemos fazer é escolher onde, quando e com quem desejamos estar no futuro. No entanto, essa escolha precisa ser feita com sabedoria, sempre buscando ambientes e relacionamentos onde o que é oferecido seja igual ou até maior do que aquilo que temos a oferecer. Só assim podemos crescer e evoluir de maneira equilibrada e verdadeira.

Já enfrentamos tantas filas ao longo da vida que não precisamos mais esperar para sermos felizes, para nos sentirmos pertencentes ou importantes. Não devemos nos diminuir, pois somos, de fato, essenciais. Perdemos tanto tempo aguardando, que até o nosso melhor lugar no mundo acaba ficando na fila de espera, enquanto nosso verdadeiro Eu se perde nesse processo.

Quando você oferecer a alguém a primeira fileira do espetáculo de sua vida e for retribuído(a) com um lugar na última fileira ou em uma fila de espera, pare! Espere, pois talvez não esteja no lugar certo e com a pessoa certa.

Ocupe seus melhores lugares, com pessoas que retribuam da mesma forma. Seja prioridade para quem te tem como prioridade.

SERÁ QUE É FÁCIL?

Somos seres humanos e estamos em constante evolução. Todos os dias, construímos nossa maturidade, mas, ao mesmo tempo, somos falhos e, de alguma maneira, acabamos magoando alguém. Muitas vezes, isso nem é intencional, mas acontece.

É muito mais fácil para as pessoas se relacionarem e se gostarem quando estão felizes e sorridentes ou quando ajudam o outro com o que precisa. Difícil é gostar quando dizemos "não".

Consideramos melhores os momentos em que saímos para nos divertir, quando bebemos, por exemplo. Porém, em um momento de fragilidade, de irritação, é que as coisas mudam.

O mundo simples e feliz transborda carisma e simpatia, tanto consigo mesmo quanto com o mundo ao seu redor. Entretanto quando a escolha é ficar "de boa" ou recluso(a), longe do agito social, as relações se mostram frágeis.

A vida é mais fácil sempre quando estamos pulando e nos divertindo incessantemente, mas basta entendermos que aquilo que um dia foi motivo de alegria, deixou de fazer sentido.

Na vida, muitas vezes é mais fácil aparentar ser importante e simplesmente aceitar tudo o que nos é oferecido, até mesmo os convites dos outros. No entanto, é apenas ao dizer "não" que conseguimos revelar nossa verdadeira essência, ao nos recusarmos a aceitar lugares ou situações que não nos fazem felizes ou nos deixam desconfortáveis.

Falamos bem, convivemos social e educadamente com todos, esbanjando sensatez e maturidade nas colocações. Mas basta um deslize, um engano, e tudo o que se levou anos para construir será arruinado como um castelo de areia ao ser tocado pela onda do mar.

Somos seres humanos, cheios de altos e baixos; de dúvidas e certezas; de alegrias e tristezas. Por isso, tudo fica mais fácil nas relações quando o dia está ensolarado, em que se ouve um pagode e se tem cerveja no copo. Difícil são os dias nublados, cinzentos, em que uma tempestade está prestes a cair.

É tudo mais fácil quando colocamos o outro à frente de nós; quando dizemos que o universo e o destino conspiram a favor de nós; quando aceito e digo sim com tranquilidade para as escolhas alheias, muitas vezes "burras"; chegamos até dizer "nossa, como nossas ideias batem". Daí eu pergunto: elas batem genuinamente ou através daquela curva forçada de resultado conveniente, mas não necessariamente feliz?

Quando as coisas são contrárias, as relações começam a se complicar; passamos a dizer não e a nos escolher — um gesto de autocuidado e autoamor; as ideias começam a divergir e a se chocar — que relação complicada. Nem sempre julgar ou falar das pessoas é uma boa decisão, aliás nunca é. Esse é um contrassenso; parece que discordar sobre algo é visto como uma sentença de morte para qualquer relação.

Quando, em uma relação, um indivíduo se sobressai mais que o outro, isso geralmente acontece porque a individualidade de uma pessoa foi sacrificada para que a outra se destacasse. A relação é considerada saudável até o momento em que nos adequamos às expectativas do outro, mas se o roteiro muda e passamos a ser responsáveis por nossas próprias expectativas, a relação está fadada a ser um desastre.

Tudo é simples e complexo; amor ou indiferença; crença ou crendice; progresso ou estagnação; liberdade ou restrição; felicidade ou tristeza; crescimento ou regressão; conhecimento ou ignorância. Essas dualidades nos lembram que a vida é um mosaico de experiências, onde o simples e o complexo coexistem. Aceitar e entender essas contradições nos ajuda a navegar melhor pelas emoções e relações, permitindo um crescimento mais autêntico e significativo.

Somos seres humanos complexos e paradoxais. É fácil gostar quando tudo parece bem, mas fica muito difícil quando as divergências se tornam evidentes demais.

Quando deixamos uma pessoa entrar em nossas vidas, ela chega com defeitos e qualidades, com histórias de vida, e nem sempre as ideias vão convergir. Se isso acontecer, tenha em mente se de fato é aquilo que você realmente quer. Se a resposta for sim, sente-se, converse e busque convergir.

Ofereça sempre o lugar de um ser humano com qualidades e defeitos, porque somos assim, e quem entra em nossa vida também é assim. Buscamos a perfeição no outro sem fazer nossa autoavaliação. Será que somos para o outro o que buscamos nele?

Quando alguém chega à nossa vida, o gesto mais lindo de amor é permitir que esse alguém seja inteiro conosco. Permita-se que o outro seja ele mesmo, em essência, e não o "cancele" antes que ele apresente todo o filme. Temos tanta pressa em tudo que julgamos uma história por uma foto. Com essa urgência, vamos perdendo nossa capacidade de compreender o outro, de sermos empáticos e de sermos humanos.

A única urgência que temos e que precisamos reaprender é aproveitar o presente como ele é, cheio de irregularidades e falta de previsibilidade. Goste do tempo pelo tempo, do erro pelo erro, do amor pelo amor e da felicidade pela felicidade.

Nada é fácil, tudo é ambíguo. Portanto, goste sempre do presente e o aproveite ao máximo, pois no futuro não sabemos se teremos a oportunidade de gostar. E do passado, nem sempre gostamos, mas podemos usá-lo como instrumento transformador.

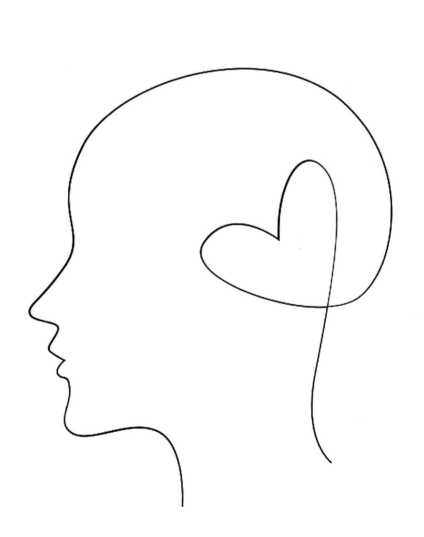

DESATANDO OS NÓS: LIBERTE-SE DAS PRISÕES INTERNAS

Na nossa caminhada, acumulamos uma série de coisas: alegrias, tristezas, crenças, rancores, decepções, desilusões, amores, desamores, frustrações e expectativas. Vamos acumulando todos esses sentimentos e, na maioria das vezes, não damos voz a eles, sufocando-os dentro de nós. O caminhar vai se tornando cada vez mais lento, pois perdemos muito tempo preocupados. É um estado de alerta constante.

Achamos que, ao sufocar esses sentimentos, ficamos livres de qualquer ameaça. Escolhemos não compartilhar o que sentimos, acreditando que essa é a melhor decisão, mas não! Essa é a pior das escolhas. Esses sentimentos são invisíveis e, muitas vezes, os confundimos, tendo reações que julgamos serem parecidas. Eles se embrenham e se emaranham, e quando percebemos, já estamos cheios de nós.

Quem nunca viveu algo com aquele barulho interno? Aquela mensagem do inconsciente piscando alerta? Nós, seres humanos, que nos consideramos imbatíveis e inatingíveis em relação a essas questões, muitas vezes dizemos que isso é "frescura" ou menosprezamos nossas questões internas, achando que as resolver é fácil. Mas não é tão simples assim.

Mexer nessas questões requer coragem, pois vamos revisitar gavetas da alma, traumas, decepções, frustrações, crenças limitantes e até superstições. Esses nós ficam ali, no canto, enquanto imaginamos que está tudo bem resolvido; basta um gatilho para que tudo volte e preencha nosso interior. Às vezes, a situação é tão complicada que o medo paralisa, nos deixa imóveis e sem qualquer possibilidade de reação.

Quando é o momento certo para enfrentar essas questões e desatar os nós que nos impedem de vivenciar novas experiências? Podemos afirmar que fugimos de tudo aquilo que temos medo de que se repita? Qual é o momento certo para tirar esses fantasmas das gavetas?

Enfrentar nossos fantasmas é mais desafiador do que imaginamos, porque muitas vezes não conseguimos enxergar a verdadeira magnitude deles. Com o tempo, esses comportamentos se tornam tão enraizados que viram hábitos. E esses hábitos nos fazem evitar a paixão, por medo de sermos abandonados, ou o amor, por receio de traição. Hesitamos em mudar de trabalho por achar que não somos bons o suficiente. Esses nós, invisíveis, deixam marcas profundas e tornam nossa jornada mais densa. Já parou para pensar como é essa sensação? É como mergulhar, ficando longos momentos submersos, prendendo a respiração, até finalmente emergirmos em busca de ar para respirar novamente.

Desatar esses nós requer coragem, pois teremos que lidar com emoções que até então escolhemos evitar, mas também é libertador. Enfrentá-los requer amor, pois em muitos momentos teremos que perdoar, inclusive a nós mesmos. Temos a tendência de sermos muito cruéis conosco, até mais do que com os outros. É importante reconhecer isso e afirmar que está tudo bem, que nos perdoamos e nos acolhemos.

Desatar esses nós é mais do que resolver questões mal resolvidas; é, na verdade, reconhecer que elas pertencem ao passado e que já não têm mais poder sobre nós. Você já parou para refletir sobre o peso do "Se eu tivesse..."? Quantas vezes ficamos presos ao que não fizemos, ao que poderia ter sido, mas não foi? A verdade é que, naquele momento, você fez o melhor que podia com o que sabia e com o que tinha. Já se deu conta disso? Não há mais espaço para arrependimentos; tudo faz parte do caminho que te trouxe até aqui.

É comum pensarmos: "Queria ter a cabeça que tenho hoje, mas naquela época...", mas será que essa sabedoria não é justamente o reflexo dos erros que cometemos e das lições que aprendemos ao longo do tempo?

O que esses erros te ensinaram? Como cada escolha, mesmo as difíceis, te moldaram.

Ao desatar seus nós internos, faça isso com amor e acolhimento. Você tem sido gentil consigo mesmo(a)? O que precisa para se acolher verdadeiramente? Às vezes, o maior desafio é aceitar nossas falhas e seguir em frente. Desatar um nó não é apenas se libertar do passado, mas abrir espaço para um presente mais leve e amoroso. Olhe para os nós do passado com compaixão; eles não definem mais quem você é. O que importa é o que você faz com o presente e com a pessoa que se tornou. Está pronto(a) para se libertar e construir um novo rumo ao futuro?

JÁ PAROU PARA PENSAR EM QUEM É VOCÊ?

Vivemos em uma época em que tudo acontece muito rápido. Essa velocidade nos faz nos moldarmos demais às circunstâncias, apenas para que as coisas sigam na mesma cadência. Caso não consigamos acompanhá-la, o próximo tema acumula e fica mais difícil de alcançá-la.

Quem tem mais de 30 anos viveu uma era em que a internet não era uma realidade, e precisávamos encontrar maneiras de fazer o tempo passar. Isso, é claro, não era um problema. Nossas brincadeiras eram reais, divertidas e lúdicas, criando um nível de cumplicidade muito bonito. O tempo jogava a nosso favor; às vezes até pensávamos: "O tempo não passa". Hoje, pensamos: "Como o tempo voa".

Dito isso, você já parou para se perguntar quem é você em meio a esse turbilhão? Já refletiu sobre como reage a circunstâncias fora da sua zona de conforto? Como lida com a frustração por não ter tido tempo suficiente para algo? Quanto tempo estamos desperdiçando só para sermos aquilo que esperam de nós? Quem é você diante do espelho? Você consegue ser você mesmo(a) diante dos outros? Consegue ter as mesmas atitudes e pensamentos?

Buscamos sempre um ideal de nós baseado nas expectativas alheias e, com isso, vamos perdendo pouco a pouco nossa essência. Tentamos, a todo custo, pertencer. Se é no trabalho, a aprovação do chefe é o que conta. Se é no amor, queremos agradar a namorada ou o namorado, e depois a família deles. Nas relações de amizade, silenciamos nossos desconfortos apenas para caber naquele contexto, mesmo que muitas vezes nem seja o lugar em que precisamos ou gostaríamos de estar.

Por que esta necessidade de ser aquilo que não somos e, principalmente, nem gostaríamos de ser? Muitas vezes, nossos valores destoam daquilo que vemos e ouvimos. Isso pode machucar, mas optamos por silenciar e omitir nossos pensamentos pelo bem do coletivo. E quanto a nós? Quem somos nós nessas demandas diárias? Como nos posicionamos? Como corrigir uma rota que já sabemos estar diferente do que esperávamos?

Tentar se encaixar em algo ou por alguém faz com que percamos, pouco a pouco, nossa essência, nossos valores e nossos princípios. Mais uma vez, tentamos nos encaixar em um contexto que um dia nos fez muito felizes, mas que agora está longe de nos completar de corpo e alma.

Quem é você no seu dia a dia? Você consegue ser você mesmo? É a pessoa que assume suas fraquezas e vulnerabilidades? É a pessoa que sonha e parte para a conquista desse sonho? É a pessoa que compra aquela roupa descolada que todo mundo acha horrível? É a pessoa que banca suas escolhas e consequências?

Olhe no espelho diariamente e diga a si mesmo quão especial você é. Olhe para o céu e agradeça a oportunidade de começar mais um dia. Olhe para as circunstâncias e busque sempre o aprendizado. Olhe para seus acertos e comemore, mas também observe seus erros e aprenda com eles.

Imagine que Deus parasse diante de você e perguntasse: "Você conseguiu ser o que gostaria de ser?", "Se não, quais foram os obstáculos que te afastaram do que gostaria?" — são perguntas ricas em oportunidades de reflexão e aprendizado. Enquanto Ele não te faz essas perguntas, reflita sobre o que te trouxe até aqui e, se necessário, manobre o cruzeiro enquanto há tempo.

Se em uma entrevista de emprego, a selecionadora te perguntasse: "Quem é você?", qual resposta você daria? A real ou a ideal? Posso afirmar que daríamos a resposta ideal, pois nos afastamos da vulnerabilidade diante das pessoas e até dos amigos. A vulnerabilidade não distancia as pessoas, mas sim conecta. Passamos o tempo acreditando que transmitir a imagem de um super-herói significa sermos plenamente aceitos, mas a fragilidade é uma ferramenta de aproximação, simpatia e empatia.

Se eu perguntasse a você: o que te falta para estar completamente feliz? Você pode listar conquistas, como uma casa grande, um carro novo, namorar, casar, ter filhos, viajar, comprar uma casa na praia e por aí vai. Mas, na hipótese de ter tudo isso, estaria de fato feliz? Não é um carro, um apartamento ou uma casa na praia que vai te definir, mas sim quem você é de verdade, no seu lugarzinho mais íntimo. Você está sendo fiel ao que pensa e ao que acredita? Enquanto há tempo, sempre é possível buscar e ser quem realmente é.

Seja aquela pessoa que diz "não" quando quer dizer "não". O que os outros vão achar de você? Que se dane!

Seja aquela pessoa que, se quiser beijar 100 pessoas, "vai lá e beija". O que os outros vão dizer sobre isso? Que se dane!

Seja aquela pessoa que assume seus sentimentos e, o que é mais lindo, que não os demonstra só em palavras, mas principalmente em atitudes. O que vão pensar de você? Que se dane!

Seja aquela pessoa que está completamente feliz com sua própria companhia. O que vão pensar sobre sua solitude? Que se dane!

Seja aquela pessoa que sempre prioriza seus desejos, suas necessidades e, principalmente, seus valores. O que vão pensar de você sobre isso? Que se dane!

Existem milhares de pessoas dizendo o tempo todo o que você deve, quando e como fazer e, existem milhares que também vão zombar de você, mas pouquíssimas pessoas dispostas a dizer: "Estou aqui se tudo der errado" e/ou "Continuo aqui para você".

Enquanto um milhão de pessoas estão prontas para te julgar, poucas saberão quem você é de verdade. Portanto, não perca mais seu tempo se enquadrando. Quem gasta muito tempo fazendo isso perde um pouco daquilo que nos torna únicos: nossa autenticidade.

Assim, se posso dar um conselho, pare diante do espelho assim que acordar e pergunte-se: "Quem você quer ser hoje?". A resposta é o caminho que você escolhe para se sentir pleno(a), realizado(a) e feliz todos os dias.

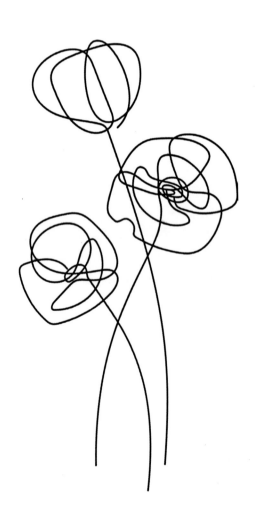

QUAL É O SEU PROPÓSITO?

Atualmente vivemos em uma era em que não se tem mais tempo. Tudo é urgente, tudo é uma emergência e não podemos deixar nada para depois. Depois, quem sabe o que virá? Fica praticamente impossível o autocontrole e a autogestão, e se paramos e respiramos, temos a sensação de que estamos cometendo um crime coletivo. O coração acelera, as mãos começam a suar e o corpo todo a tremer. As pessoas perderam a capacidade de serem pacientes consigo mesmas e com o restante do mundo.

Esse é um diagnóstico coletivo chamado pressa.

Esse diagnóstico causa vários sintomas que podem ou não ser controlados. Um dos sintomas é a superficialidade. Temos tanta pressa que parar para conhecer alguém e mergulhar de cabeça em uma relação parece coisa de outro século. Assim como no fast-food, as pessoas que entram na nossa vida já precisam vir prontas, se possível com um audiobook disponível no Spotify para ouvirmos quando estamos na esteira nos exercitando. Temos a necessidade de encaixar milhares de coisas em um curto espaço de tempo. E a consequência disso? Mais superficialidade! Não focamos nem em uma coisa nem em outra, e tudo vai saindo mais ou menos. Relacionar-se com alguém é meio que espelhar nossos defeitos ou é uma fisioterapia para desinflamar os nervos. Afastamos essas pessoas porque julgamos que não estão prontas para nós, afastamos, dia após dia, a possibilidade de entender quem somos e por que estamos aqui.

Seguindo outro sintoma desse diagnóstico, é como se fosse um combo: com a pressa vem a falta de paciência. Isso abrange muitas situações. É falta de paciência com a família, falta de paciência quando há muita gente à nossa frente, e, quando menos se percebe, vem o pensamento: "Que lerdeza, que saco". É falta de paciência em deixar o processo acontecer, falta de paciência quando esperamos que alguém de quem gostamos seja vidente e saiba tudo o que se passa em nossa mente, e por aí vai.

Poderia escrever milhares de situações em que faltaram momentos de mais paciência. Sabe o que é pior nisso tudo? O corpo fala, o rosto fala, e tudo parece mais transparente que vidro. O que acontece quando perdemos, por um momento, a paciência? Descontamos em quem mais nos ama e que sempre está ao nosso lado: nossa família, nossos pais, filhos, maridos ou esposas. Se chegamos em casa e a esposa pergunta: "Oi, amor, como foi seu dia?", a resposta vem seguida de uma respiração profunda, querendo expressar "Que saco", e então: "Foi péssimo, aconteceu isso, isso e isso, e tudo o que eu quero é tomar um banho e dormir". O filho foi cedo para a escola e, quando o pai chegou, a criança já estava dormindo, porque geralmente passamos entre 10 e 12 horas no trabalho ou até mais, dormimos de 6 a 8 horas por dia, e ainda temos outros afazeres. Assim sobra pouco tempo para a família, para os filhos ou cônjuges e principalmente para nós mesmos.

O que fazemos com o pouco que temos? Jogamos ao vento, ao fogo, ao ar ou à água. A única coisa que não fazemos é aproveitar com qualidade esse tempo com nossos entes queridos. Sabe a ampulheta em que a areia cai lentamente? Assim são as pessoas à nossa volta; chega uma hora em que a areia acaba e o seu tempo está esgotado. Por isso, não espere sua areia terminar para dar valor a quem mais quer te ver bem. Essas pessoas, que temos o péssimo costume de maltratar, estão em nosso caminho para ajudar a fazer dessa jornada um momento de aprendizado, alegria e muito amor. São como um farol, que direciona a luz para algo maior. Portanto, aproveite.

Outro sintoma dessa pressa constante é a nossa comunicação. Já reparou como tudo se tornou urgente? Ouvir áudios ou podcasts em 2x se tornou comum, porque a fala do outro parece "demorar demais" e ainda há tantas coisas para fazer. Estamos tão apressados que, muitas vezes, negligenciamos o que realmente importa. Será que, ao ouvir um áudio apressado com a TV ligada e o computador aberto, estamos dando a atenção que a pessoa realmente precisa? Estamos realmente ouvindo, ou apenas passando por cima das palavras, sem perceber o quanto aquele momento é importante para quem fala? Quanto de nós mesmos estamos deixando para trás, tentando fazer tudo mais rápido?

Quando paramos para ouvir, não ouvimos com qualidade porque temos a tendência de tornar aquilo algo sobre nós: "Quando passei por isso...", "Eu jamais aceitaria algo assim...", "Eu não acredito que você perdoou". Não vemos as coisas acontecerem porque estamos com tanta pressa que não percebemos um pedido de ajuda sutil. A pressa está dificultando a comunicação; no podcast "Para dar nome as coisas", ela faz uma analogia de um pedido de um suco, que é pedido com pouco gelo ou pouco açúcar e chega um suco doce e o copo cheio de gelo, olhamos para o garçom e soltamos a pérola: "Eu falei pouco gelo e pouco açúcar". Mas o que é "pouco" para você? Qual é o seu conceito? Para você, pode ser uma quantidade e, para o outro, outra. Fale o que precisa ser dito, seja específico. Você já deve ter ouvido: "Problema dele se não entendeu, não foi isso que eu disse". Será que não? Você foi claro e específico na sua fala? Ou você soltou uma fala meio em "whatsappês", em que comemos parte das palavras: "Q cê vai fazê amanhã qdo sai do trampo?"? Tem gente que já se resume apenas em um emoji.

As pessoas estão perdendo a oportunidade de se comunicar com clareza, de serem entendidas e compreendidas. Somos agentes de comunicação; quando falamos algo para alguém, somos responsáveis pelo que o outro entende. A metodologia SMART[7] é usada para construir metas, mas logo poderemos aplicá-la na nossa comunicação. Sejamos claros, objetivos, realistas e com prazos. Se você quer algo, saiba pedir.

Onde entra o propósito nesse monte de pensamentos transcritos anteriormente? Tudo que nos afasta do que somos, nos afasta do nosso propósito. Se as pessoas querem falar com você e dividir alguma situação para pedir sua opinião, ouça atentamente. Se não puder estar 100%, seja sincero(a) consigo e com o outro e diga: "Podemos falar daqui a pouco?". Isso é lindo, pois a sinceridade é praticamente uma pedra preciosa à beira da extinção.

---

[7] A metodologia SMART é uma técnica usada para estabelecer objetivos claros e atingíveis. O acrônimo SMART significa: Specific (Específico), Measurable (Mensurável), Achievable (Atingível), Relevant (Relevante) e Time-bound (Temporal). Essa abordagem é utilizada em diversas áreas, como gestão de projetos, para ajudar na definição de metas de forma eficaz (DORAN, George T. There's a SMART way to write management's goals and objectives. Management Review, [S. l.], v. 70, n. 11, p. 35-36, 1981).

Opte por qualificar melhor o seu tempo quando estiver com as pessoas que ama. Você realmente está vivendo esses momentos verdadeiramente? Ou está distraído com picuinhas que não levam a lugar algum? O tempo não é generoso, e amanhã pode ser tarde demais para dizer tudo o que você gostaria. Já se perguntou: por que não disse "eu te amo" enquanto ainda podia? Será que foi por falta de oportunidade ou orgulho que ficou em silêncio? O que você está deixando de lado esperando o "momento certo"? O tempo é finito, e ninguém sabe ao certo quando ele vai acabar. Que tipo de lembranças você quer criar agora?

O QUE VOCÊ PRECISA DEIXAR IR?

Passamos diariamente por questões que nos levam a adotar comportamentos que, em tese, deveriam nos proteger. É uma barreira que todos os dias vamos construindo, tijolo a tijolo, e assim vamos afastando todas as possibilidades e oportunidades que poderíamos ter, apenas pelo medo de não vivenciarmos tudo novamente.

Viver é um ato de coragem, perseverança e muita esperança. Coisas ruins vão acontecer ao longo dessa caminhada; algumas vão nos deixar à flor da pele, outras nem tanto, mas algumas poderão nos traumatizar por anos. O tempo vai passando e, cada vez mais, as possibilidades de corrigir algumas rotas erradas que escolhemos tomar vão se esgotando.

Quando somos jovens, nos apaixonamos pelo amiguinho ou amiguinha da escola; depois vem a decepção e sofremos dentro do padrão de uma criança, mas isso marca. Sabe quando a mãe vive dizendo: "Não faz isso, que é errado"? De tanto repetirmos, moldamos a ideia de que aquele tipo de comportamento é o correto a se ter. É como se nos colocássemos em uma forma de modelar para sair certinho, no padrão e na qualidade de fábrica. A fábrica tem padrões para garantir que tudo saia igualzinho, mas será que é isso mesmo que queremos? Uma vida parecendo uma parede de loja de brinquedos? A vida está longe de ser assim e, para desembarcar disso, há coisas que precisamos deixar ir.

O tempo vai passando e vamos acumulando vivências e experiências, boas e outras nem tanto. Usamos a expressão de que o tempo às vezes é injusto conosco, mas será? O tempo é um elemento que corre a nosso favor, desde que estejamos ao seu lado nessa jornada. Mas, por vezes, estamos contra ele. Então, ele se torna impiedoso.

A adolescência é um momento de descobertas e, nessa fase, o tempo parece correr à velocidade da luz. Tudo é rápido, intenso e angustiante. Tudo é muito; amamos muito, trocamos de paixão rapidamente, fazemos muitas besteiras, mas também muitas coisas boas. Erramos muito, mas acertamos também. Essa fase é o início da nossa formação como adultos, e algumas dessas marcas podem se arrastar conosco por muitos e muitos anos.

Aqui, nesta fase, estão as marcas da infância somadas às marcas da adolescência. Não temos ideia de como isso nos define, nos paralisa e nos interrompe no futuro.

Às vezes, estamos nos sufocando apenas para deixar alguém feliz, mas e quanto a nós? Estamos felizes? Às vezes, o que achamos que estamos fazendo de melhor pode ser o pior a se fazer. Afastar pessoas do nosso convívio não nos protegerá; precisamos nos relacionar e aprender. Às vezes, o pior acontece conosco: uma traição, um término doloroso ou um sumiço sem explicação. Quando essas coisas acontecem, nos culpamos, nos sentimos tristes. Às vezes, somos feridos profundamente, levamos anos para nos curarmos ou nem nos curamos. Aprendemos a conviver com o sentimento de vazio. É preciso se permitir soltar essas âncoras para viver milhares de outras coisas. É preciso deixar algumas coisas irem.

Quando nos tornamos adultos, estamos formados, como dizem os pais. Já temos nossa personalidade, nossas crenças, nossas sombras, nossos traumas, e temos mecanismos de proteção até inconscientes. Se testassem nossas barreiras de "proteção" pelo Inmetro, provavelmente teríamos a nota máxima, porque essas barreiras realmente são fortes.

São barreiras invisíveis a olhos nus; elas se impõem de maneira sutil e leve, camufladas em falas e gestos: "Eu não estou preparado(a) para isso", "Não nasci para isso", "Acho que ninguém me quer". São frases de autodefesa eficientes, que nos fazem sentir o máximo, mas nos distanciam, dia após dia, de quem somos de fato. Passamos a evitar situações e relações por acharmos que as circunstâncias podem nos vulnerabilizar e que tudo aquilo que um dia vivenciamos pode voltar mais veloz que a luz. Sabe os gatilhos?

Nos sentimos divididos: uma parte está cheia de vida, querendo sair por aí, curtir, errar, bater a cabeça, chorar, sorrir e viver intensamente todas as possibilidades que a vida coloca diante de nós. Mas a outra metade está presa a um passado que nos trava. Quando você dá um passo para sair dali, vem a voz e diz: "Não faça isso, porque você vai passar por tudo aquilo novamente". É a voz do inconsciente mexendo nos nossos arquivos mais escondidos em tempo real e já enviando a mensagem para o consciente.

Muitas coisas que vivemos não serão possíveis de serem esquecidas, e nem devemos tentar, pois foram essas situações que nos moldaram, que nos mostraram o que gostamos e o que não gostamos. Essas lembranças são indestrutíveis, mas os comportamentos e as crenças que criamos a partir delas, esses sim podemos mudar e/ou até transformá-los em cinzas.

A decepção sempre existirá em nossas vidas, mas o que importa é o que fazemos depois. A traição pode existir em nossas vidas, até mais de uma vez, mas isso diz respeito mais sobre o outro do que sobre nós. A não ser que você tenha causado a traição, então terá que arcar com as consequências.

As pessoas estão em nossa vida por um tempo; elas passam por nossa vida por um motivo e, quando concluem sua missão, partem. Somos seres humanos e, muitas vezes, nos apegamos ao ideal de uma pessoa. Se ela parte do nada, ficamos com aquele sentimento de culpa ou imaginando como seria se tudo tivesse dado certo.

Passaremos por tantas situações que nem podemos imaginar, mas independentemente do que sejam, o que você faz depois é que define quem você é. Se, depois do ocorrido, perceber que pesou na tinta por notar que colocou viés demais, retorne e refaça a rota. Nem sempre há tempo para ajustar, mas, se você puder, faça! Não espere o depois, porque o depois pode ser tarde demais.

A vida é isto: uma eterna montanha-russa. Tem pessoas que passam por ela "de boa" e tem outras que saem com o corpo todo cheio de marcas. O que fazemos? Simplesmente evitamos para não sair com marcas novamente? Essas marcas são como cicatrizes, que podem te impedir de seguir adiante e tentar mais uma vez, ou podem ser simplesmente marcas do quanto você viveu e aprendeu. Como pretende olhá-las?

Olhe para essas cicatrizes e diga: "Vocês são marcas do passado e não me definem hoje". É preciso deixar algumas coisas no tempo em que ocorreram. Mas, se houver algumas insistentes, olhe para elas, materialize-as e diga: "Você fica no seu lugar e não no meu; por isso, eu deixo você ir".

Solte lentamente aquilo que te prende e aquilo que te distancia.

Amar é um ato lindo. Não gaste mais tempo fugindo dele, imaginando que assim estará protegido(a). Pode até ser que esteja, mas não vai ter história para contar. Por isso, deixe seus traumas irem.

Feche os olhos e sinta o que te prende. Dê um nome a isso e autorize-o a partir. Não dá para avançar com o freio de mão ligado; por isso, coloque a chave na ignição, desligue o freio, engate a primeira e siga adiante. Deixe tudo para trás; sejamos gratos sempre, mas viver no passado é perder a chance de viver no presente. Liberte-se!

Se você é daquelas pessoas que gostam de tangibilizar, anote essas emoções, traumas e sentimentos, um a um, em um papel. Depois, em um gesto simbólico, acenda um fogo e queime-os, um a um, inteiramente. "Medo, você esteve comigo até hoje e agora deixo você ir". Repita isso até encerrar e depois agradeça. Porque tudo que era uma trava foi deixado ir; agora resta fazer o que você deveria ter feito há muito tempo: VIVER.

Vai haver momentos em que tudo será lindo, leve, divertido e cheio de amor. Mas haverá outros que vão te perturbar e te dar medo; resista, porque você sabe como se libertar.

Quando acontecer algo na sua vida, como já conhece o caminho, vire-se e liberte o sentimento, deixando-o ir. Porque você vai ficar no lugar que é seu por direito: o presente.

O QUE VOCÊ ESCONDE DO MUNDO?

Somos pessoas que passam boa parte do tempo atrás de um alguém ideal, não para nós, mas para aqueles que nos cercam. Mas o que é ser ideal para você? Corresponder ao que esperam de nós ou ao que gostaríamos de ser?

Desde criança, ouvimos da nossa mãe: "Filho, não faça isso, porque o fulano não vai gostar de criança mal-educada", "Filho, isso é errado fazer, vai deixar a fulana triste", "Filho, isso não deve ser falado, porque parece que mamãe não deu educação a você". Essas frases trazem crenças limitantes e marcam a história de uma personalidade em desenvolvimento. As citações sempre vêm do prisma de outra pessoa. Mas quem, em algum momento, considerou o que deixaria aquela criança feliz? Será que ela não merecia ser feliz à sua maneira? O que há de errado nisso?

Note que, desde a infância, nossa personalidade vai se tornando algo secundário, pois sempre há alguém mais "importante" que temos o dever de não decepcionar. Mas alguém parou para pensar que deixar de fazer algo nos decepcionaria?

Crescemos e, dia após dia, aprendemos truques para esconder um pouco de nossa personalidade. É uma gargalhada que seguramos para não sermos julgados como exagerados. Ou até mesmo uma emoção contida por meio de um choro, só porque dizem que "homem não chora". Quem está preocupado com isso: eu, você ou alguém que constantemente nos faz acreditar que temos o dever de agradar a todos?

Gastamos tempo demais tentando ser o que não somos. Por que não investimos mais tempo em sermos nós mesmos? Para que esconder do mundo a nossa beleza real, cheia de qualidades, mas também repleta de defeitos?

Se a vida fosse apenas cheia de qualidades, para que estaríamos aqui? Qual a razão? Qual a graça? A vida seria monótona, sem grandes aprendizados e sem emoções intensas. Seria como entrar em campo com o jogo ganho.

Nosso tempo aqui é uma energia não renovável; quando chega a nossa hora, é game over! Fim da linha! E o que você levaria dessa experiência? Se te colocassem diante de um telão e apresentassem sua vida como um filme, quantas estrelas você daria? O protagonista realmente tomou a frente dos seus desejos? Aprendeu com seus erros? Errou tentando acertar? Amou verdadeiramente? Se entregou às oportunidades como se fossem as últimas? Disse "eu te amo" quando precisava? Quando disse, soube demonstrar esse amor também em atitudes? Soube reconhecer os erros, refletir e criar uma nova história? Soube finalizar histórias, mas também recomeçar outras? Esteve ao lado da sua família nos momentos mais difíceis? Deu amor, carinho e atenção quando foi procurado(a) para ser o ombro amigo? Você foi leal às suas amizades? Se não, o que fez de errado para que o outro pensasse em você como desleal? Você respondeu às mensagens recebidas no WhatsApp sempre que solicitado(a)? O tempo de resposta condiz com a importância dessa pessoa na sua vida? Você deu atenção ou viu na tela do celular quem estava ligando, fingiu que não viu e pensou "respondo depois"? Quantas vezes deixou o outro de lado só por supor que seria bobeira? Já parou para se perguntar se poderia ser um meio de dizer "preciso do meu amigo mais do que nunca"? Diante de tudo isso, poderia haver tantas outras questões, mas considerando essas, você mais mostrou quem foi de fato ou passou a maior parte do seu tempo escondendo de todos quem você era de verdade?

Se tiver a oportunidade de acordar amanhã, faça como no inverno: tire todas as suas roupas guardadas no armário e pergunte a si mesmo(a): o que realmente me serve? O que ficou para trás e não faz mais parte de quem sou? O que não te serve, doe. Não seria isso um gesto de generosidade? Lembre-se, há milhares de pessoas precisando até de uma única peça. E quanto a você? O que tem guardado de si que poderia oferecer mais a quem realmente importa? Não deixe para depois! Aliás, o que você tem feito para se entregar mais ao que realmente importa? A vida não pode esperar, e você também não deveria. Quanto tempo mais você vai se esconder do mundo e daqueles que se importam profundamente com você?

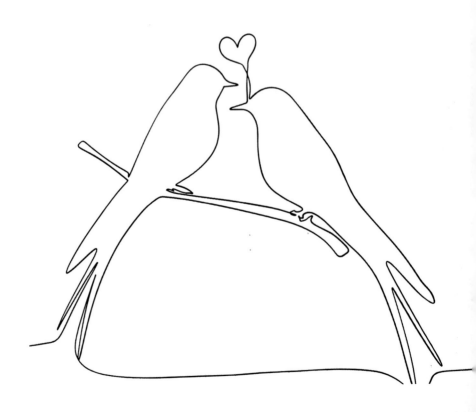

POR MUITO TEMPO ME ESCONDI DO AMOR

Cresci ouvindo que amar é o sentimento mais lindo e genuíno que existe, mas bastou a primeira decepção para que tudo desmoronasse. Nesse momento, tudo some, inclusive nossa capacidade de amar e, com isso, de dar amor. Mas será que, ao nos distanciarmos do amor, estamos apenas nos protegendo de um futuro incerto ou nos permitindo carregar cicatrizes do passado que não nos pertencem mais?

Quando jovens, amamos intensamente, a ponto de doer o peito. Quando brigamos, vêm aquelas frases de impacto, como: "Não sei como vou viver sem você". Essa é uma frase que parece boba, mas traz uma carga emocional muito grande para nossa vida adulta.

Quando somos traídos e descobrimos, muitas vezes chegamos a nos culpar por isso e até a nos questionar sobre o que fizemos de errado. A resposta é: NADA. Isso diz muito mais sobre o outro do que sobre nós. Mas será que, mesmo quando a dor parece inevitável, podemos aprender a não deixar que ela defina nossa visão sobre o amor? Quando a gente descobre isso? A resposta vem depois de muitos anos e de diversas oportunidades que deixamos passar, só pelo medo de não vivenciarmos a mesma história.

Nós nos distanciamos do amor porque acreditamos que a dor será eterna, mas a verdade é que a dor é transitória. Por que, então, continuamos a nos afastar do amor, quando ele pode ser a chave para nossa cura e crescimento? Materializamos barreiras de proteção, imaginando que estamos em um forte onde ninguém pode nos ameaçar novamente. No entanto, também deixamos de viver e experimentar a sensação de amar e ser amado(a) verdadeiramente. Quando nos afastamos dos outros por mera precaução do sofrimento, perdemos, um pouco a cada dia, a experiência de vivenciar um amor saudável, genuíno e leve. Será que ao nos proteger do amor, estamos nos tornando prisioneiros de nossa própria insegurança?

Problemas sempre vão existir, mas a diferença está no que fazemos a partir do momento que tomamos consciência do problema. O que você tem feito quando se depara com seus medos mais profundos sobre o amor? Você tem permitido que eles te paralisem, ou tem tomado as rédeas para aprender com eles e seguir em frente?

Esses dias, vivi a experiência de me observar através de uma constelação familiar. Sempre me escondi do amor, das pessoas e, por coincidência do destino, estava ali, despido das minhas armaduras, na frente de mais de 10 pessoas que nunca havia visto na vida. Foi como se tivesse sentado diante da TV e assistido às escolhas que fiz por algo que aconteceu lá atrás. Surgiram questionamentos como: quantas dessas escolhas ainda ecoam em você? Quantas estão moldando suas decisões e te afastando do que realmente deseja? Quantas outras escolhas você deixou de fazer somente para não sair da zona de conforto? Ou melhor, a zona de acomodação. Nesse contexto, se encaixa mais a zona de acomodação, porque eu não estava fazendo nada para mudar; estagnei e me protegi, acredito que até de mim. Será que, ao evitar o amor, você se acomodou em um estado de autossabotagem?

Quando as pessoas entram em nossa vida através de uma relação, é porque temos algo a aprender, assim como elas têm algo a aprender conosco. É uma relação de troca. Será que você tem se permitido aprender com as pessoas que entram na sua vida, ou tem se fechado para essas trocas, impedindo que o amor flua de maneira genuína? Quando escolhemos o "não", ambas atrasam seu ciclo de aprendizado.

Passamos tanto tempo correndo do amor que até esquecemos de nos amar. O amor passou a ser tão raro que nos acostumamos a não nos acolher. O que te impede de se acolher? O medo da rejeição? O medo de se magoar novamente? Quando alguém se interessa por nós, inconscientemente julgamos que não somos merecedores desse amor. Alguém faz isso de forma consciente? Claro que não. Esse autojulgamento está tão enraizado que se torna um comportamento repetitivo, um hábito. Como você pode interromper esse ciclo de autojulgamento e começar a acreditar que merece ser amado(a), inclusive por si mesmo(a)?

Esse é um péssimo hábito, pois não nos leva a lugar algum. Aliás, nos abandona, porque, ao nos escondermos do amor, automaticamente ficamos estagnados em nossa maturidade relacional. Será que você já parou para perceber que, ao se afastar do amor, se afasta também da sua própria evolução? Digo imaturidade relacional, porque surgem as frases prontas: "Estou ótimo sozinho", "Se encontrar alguém, não quero me casar", "Eu não serei uma boa pessoa para você neste momento". São desculpas clichês, na tentativa de uma autodefesa frustrada. Essas desculpas estão protegendo seu coração ou apenas o mantendo fechado para novas possibilidades?

Se observe. Tente encontrar a raiz desse problema e entender o que te trouxe até aqui, quais aprendizados foram conquistados e quais são seus desejos daqui para frente. Você já se deu o direito de reescrever sua história, ou continua vivendo à sombra das antigas feridas? Olhe para sua imagem refletida e não tente entender o porquê de suas não escolhas, porque isso só vai deprimir. O que você precisa neste momento de autocompreensão é de amor, carinho e acolhimento.

Reconheça sua trajetória. Mesmo que suas escolhas ou não escolhas tenham sido equivocadas, elas não foram perdidas, pois esse caminho foi responsável por te tornar quem você é hoje. Isso já é motivo de grande orgulho. E se você se permitisse olhar para essas escolhas com amor, em vez de culpa? O que mudaria se você abraçasse sua jornada como um aprendizado, e não como um erro?

Não dá para ganhar sempre, mas podemos ficar no empate. O que não podemos é perder novamente a chance do autoamor e do compartilhamento de carinho, respeito e muito amor. O que você tem feito para dar ao amor a chance de florescer dentro de você novamente?

O primeiro passo para mudar é se reconhecer e, a partir daí, definir quais caminhos seguir e quais escolhas tomar. O que você pode fazer hoje para se aproximar do amor-próprio e permitir que o amor de outros também entre na sua vida? O que não podemos continuar fazendo, quando tomamos consciência da jornada, é optar por ficar afastados do amor-próprio, do amor dado e do amor recebido.

Ninguém escolhe verdadeiramente por nós. A decisão final será sempre nossa, e que nossa escolha nunca seja a de se manter afastado(a) do amor romântico.

O QUE VOCÊ DIRIA SE ESTIVESSE SE ESCUTANDO?

Na caminhada da vida, nos deparamos com milhares de experiências: engraçadas, tristes, alegres, decepcionantes, entusiasmadas, absurdas. Somos constantemente bombardeados por informações de todos os lados e a qualquer momento. Não há como escapar; temos que lidar com isso da melhor maneira possível.

Hoje, é fácil se perder no mundo virtual. Passamos horas arrastando para cima e para o lado nas telas, e se não doer nas costas, nas mãos ou se não surgir vontade de realizar nossas necessidades fisiológicas, poderíamos ficar dias na inércia da desinformação. Buscar informações não é algo ruim, mas o excesso se torna um hábito que nos afasta das vivências reais com as pessoas ao nosso redor.

Quando saímos para almoçar, o celular está na mão. No cinema, muitas vezes olhamos mais para a tela do celular do que para o filme. Com os amigos, é mais fácil conversar por mensagem do que pessoalmente. Estamos sempre competindo com algo, falando pouco e ouvindo muito. Quem nunca desejou alguns minutos de silêncio absoluto? Claro que poderíamos conseguir, mas a questão é: estamos dispostos?

Imagine que você desliga o celular, a TV e tudo que conecta a informações, dedicando 30 minutos ao silêncio. O que vem à sua mente nesse momento? Quantas vezes no ano você se permitiu esse silêncio? É desafiador, pois as pessoas sentem necessidade de falar, mesmo que seja algo trivial. Ficar em silêncio é uma contribuição valiosa, tanto para os outros quanto para você.

Feche os olhos e visualize um lugar que traga paz. Respire profundamente e solte lentamente, despejando pensamentos distorcidos. O que sua intuição está dizendo? O que sua alma quer trazer à tona? O que seu corpo e seu coração querem comunicar? Precisamos gastar mais tempo silenciando corpo, mente e alma. Todas as respostas estão dentro de nós, mas é preciso saber acessar esse espaço.

O silêncio é um recurso valioso: você não o vê, mas o percebe. Ao silenciar por alguns minutos diariamente, você pode encontrar respostas e reflexões que mostram que está se escutando e se compreendendo. Valorize esses momentos raros, pois eles são a chave para o autoconhecimento, a autopercepção e o amor-próprio.

Se você pudesse se ouvir, o que diria a si mesmo(a)? Você foi feliz? Está onde gostaria de estar? Já se decepcionou? Qual é a sensação ao olhar para o passado? Se tivesse a chance, faria algo diferente? Se parasse por 30 minutos, focando apenas na respiração, muitas dessas respostas estariam claras. No entanto, a avalanche de informações nos impede de processar tudo isso.

Se você pudesse se ouvir, mudaria algo na sua história? Quais dificuldades enfrentou? São muitas perguntas que fazemos diariamente. Às vezes, é necessário parar, não apenas pelos outros, mas principalmente por nós mesmos. Nesse silêncio, novas alternativas surgem; basta ouvir o que sai da mente e chega ao coração.

Seu desafio é reservar alguns minutos todos os dias para se escutar. Analise suas circunstâncias e defina suas melhores decisões. Quando temos apenas uma concorrência, compreendemos melhor nossas escolhas.

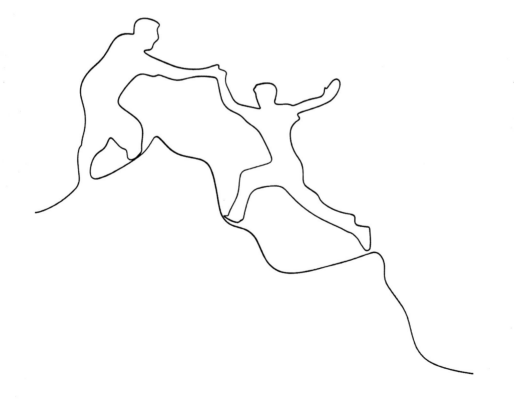

O PREÇO DE SE ESCONDER: ESCOLHAS E CONSEQUÊNCIAS

Será que escondemos as coisas apenas do mundo? Será que somos tão abertos como muitos afirmam?

Somos uma caixa de surpresas, com marcas e cicatrizes. Os caminhos que trilhamos até aqui foram repletos de felicidade, tempestades e dúvidas. Cada tropeço traz um aprendizado, desde que queiramos ver as coisas por essa ótica. Caso contrário, será apenas mais um tropeço, aqui e ali, pelos mesmos motivos.

Nessa jornada, vamos ficando "cascudos", aprendendo a ter jogo de cintura e a dosar nossas palavras. Essa adaptação, porém, distorce nosso verdadeiro eu, moldando-nos dia após dia. Aquela conversa informal no WhatsApp se torna cada vez mais rara, e a saudade pode surgir, mas nos acostumamos a jogar o esconde-esconde.

Para nos adaptarmos ao cenário, precisamos fazer uma leitura do ambiente e escolher as cartas que permanecem na mesa. E você, devolve as cartas ao baralho ou joga com o que tem?

Muitas vezes nos moldamos para agradar outras pessoas: chefe, namorado(a), amigos, família. Isso impede que os outros nos acessem verdadeiramente, pois agimos como personagens que pensam e sentem diferentemente do nosso eu verdadeiro. No fundo, estamos escondendo nossa verdadeira identidade.

Essa escolha tem um preço alto, às vezes irreversível: perder-se no personagem. As pessoas passam mais tempo em uma versão idealizada de si mesmas, longe da realidade cheia de defeitos, mas também de qualidades. Quando tentamos esconder quem somos, a balança pode pender e até virar.

Esconder nossa identidade pode ser uma escolha sem volta. O que antes era leve se torna denso, como se tudo precisasse de aprovação. Muitas vezes, essa escolha visa agradar o outro, e isso pode ser uma decisão questionável.

Optar pela felicidade do outro não deveria ser a única opção. Em contextos específicos, pode ser necessário, mas nunca por tempo indeterminado. Com o tempo, mostre quem você realmente é: seus defeitos e qualidades. Escolher assumir quem somos não é sinal de altivez, mas sim de coragem, pois quando escondemos nossa essência, é porque não estamos confiantes o suficiente para nos mostrar. E está tudo bem.

Reconhecer isso já é um grande passo, mas agora surge a pergunta: o que você fará com essa percepção? Esconder-se do mundo nunca foi a verdadeira solução. A vulnerabilidade, quando abraçada com sinceridade, é o que realmente conecta as almas. Ninguém precisa carregar a farsa de ser forte o tempo todo, pois estamos aqui para evoluir, aprender e crescer.

Se o seu baú está cheio de partes suas que você teve que esconder, onde está a chave para libertá-las? Chegou o momento de colocar tudo sobre a mesa, olhar para o que foi realmente necessário e o que foi apenas uma máscara para se encaixar. O que você tem escondido que, ao ser revelado, poderia curar e libertar sua alma? Este exercício de autoaceitação e acolhimento pode ser o ponto de resgate da sua alegria, autoestima e sonhos. Só você sabe do que teve que abrir mão para chegar até aqui. Mas agora, quem você escolhe ser daqui em diante?

Mas será que ainda precisa renunciar ao que sente, pensa ou deseja fazer? Talvez seja hora de tirar tudo do esconderijo, ver o que serve e o que não serve mais.

Se abrace mais e esconda menos! Quantas vezes você se escondeu para caber nas expectativas dos outros? Se parabenize mais e se cobre menos! Já parou para celebrar suas conquistas, mesmo as pequenas? Se ame mais, do jeito que você é. O que os outros pensam é só o reflexo deles, não de quem você é de verdade. Se divirta mais e se arrependa menos! Por que deixar o medo de errar impedir você de viver? Arrisque-se mais na vida, no amor e nos desafios. Pode não dar certo, mas você vai aprender e crescer.

COMO VOCÊ LIDA COM AS EXPECTATIVAS?

Como você tem lidado com suas expectativas? E com as expectativas dos outros sobre você? Essas são perguntas complexas, pois falar sobre expectativas envolve discutir o que esperam de nós e o que esperamos dos outros, além de lidar com frustrações.

É natural esperar algo de alguém em qualquer relacionamento, pois a troca de afeto e cuidado é uma parte essencial da conexão humana. Muitas vezes, porém, escondemos nossas fragilidades e partes mais sombrias, priorizando a sensação de que o outro se sinta valorizado. Embora possamos afirmar que nossas ações são genuínas e que não esperamos nada em troca, a verdade é que dificilmente alguém se sente plenamente realizado ao dar sem receber. Com o tempo, essa dinâmica unidirecional pode gerar frustração e desgaste emocional, pois a falta de reciprocidade pode minar o equilíbrio da relação.

Lidar com as expectativas dos outros e as nossas próprias é desafiador. As expectativas sempre vêm acompanhadas de frustração, decepção e tristeza. Muitas vezes, somos nós que ampliamos essa bagagem, acreditando que as pessoas se comportarão como nós, em intensidade e tempo. Isso pode resultar em cobranças excessivas, tanto para nós quanto para os outros.

Quando esperamos demais do outro, é como se vendêssemos nossos olhos, dificultando a clareza. Aceitamos o pouco que é oferecido. Então, como lidar com as expectativas? A resposta que faz sentido para mim é: aceitar o que o outro pode dar, da forma como ele pode oferecer. Isso não significa que a pessoa não se importa, mas sim que cada um tem seu jeito de se fazer presente.

Se algo ainda te incomoda, pode ser hora de recalibrar suas expectativas. Reorganize suas prioridades e ajuste o que oferece, buscando um equilíbrio que traga paz. Oferecer carinho de forma mais contida não significa que o sentimento mudou; é apenas uma nova maneira de se mostrar disponível.

As expectativas têm um aspecto de esperança, aguardando que os sentimentos sejam retribuídos, que as pessoas demonstrem nossa importância e expressem o que realmente sentem. É natural desejar reconhecimento e afeto em nossas relações, pois isso nos traz um senso de valor e pertencimento.

Essas expectativas podem, sim, gerar frustrações, mas também podem nos motivar a buscar conexões mais profundas e significativas. Quando nos abrimos para o que os outros têm a oferecer, sem esquecer de valorizar o que somos, criamos um espaço para que as relações floresçam.

Lidar com as expectativas é um grande desafio, mas também uma oportunidade de crescimento. A maneira como os outros demonstram carinho e afeto pode ser diferente daquilo que imaginamos, e isso não diminui o valor do amor que eles sentem por nós. Você já parou para refletir sobre como a diversidade de gestos pode, na verdade, ampliar o significado do amor? Aceitar essas diferenças nos permite ajustar nossas expectativas, trazendo mais leveza e compreensão às nossas relações. Quando aprendemos a nos valorizar internamente, não precisamos depender exclusivamente da validação dos outros. O amor mais profundo e verdadeiro começa dentro de nós, e é refletido em cada gesto, em cada palavra.

Na caminhada da vida, cruzamos com muitas pessoas, algumas permanecem por pouco tempo, outras para sempre. Você já pensou em como é essencial ajustar o que esperamos de cada uma delas? O segredo é entender que cada relação tem seu tempo e sua importância.

Ao ajustar nossas expectativas, encontramos paz. E, ao reconhecer o valor do amor que brota de dentro de nós, nos aproximamos cada vez mais de quem somos chamados para ser, com o coração pleno e a alma leve.

O QUE TEM MAIS PESO: O PASSADO OU O FUTURO?

Já parou para pensar que gastamos muito do nosso tempo em um lugar em que não podemos fazer nada? Um já passou e não é possível mudar, e o outro ainda não aconteceu.

Perdemos muito tempo lembrando de momentos importantes na nossa história que nos definiram como somos hoje. O saudosismo acontece, mas, ao menor sinal de uma possibilidade circunstancial de algo acontecer novamente, desejamos que tudo ocorra como foi naquele momento. Muitas vezes, é possível sentir a emoção, todo o corpo chega a tremer só de imaginar algo acontecendo novamente do mesmo jeito. Nos apegamos à ideia de que isso é possível, mas as circunstâncias não são; nós não somos os mesmos e não pensamos da mesma forma.

O tempo passa, e passa para tudo, inclusive para nós. Aqueles acontecimentos ajudaram a definir quem somos hoje. Houve momentos em que fomos felizes, em outros nem tanto; amamos intensamente e também nos decepcionamos. Tivemos perdas, mas muitas conquistas, e assim o tempo foi passando e aprendemos algo novo a cada dia. Quando olhamos para algumas questões do passado, imaginando que elas não estão mais latentes e que já se resolveram, nos surpreendemos ao nos deparar com a mesma história bem diante dos nossos olhos. Mesmo que não sejamos protagonistas desta vez, aquilo mexe com um lugar que jamais poderíamos julgar acessarmos novamente. Colocamos essas emoções em uma caixa e enterramos bem no fundo do nosso íntimo, imaginando que nunca mais iríamos acessá-las. Então, a vida, pelos caminhos mais diversos, nos apresenta as mesmas emoções do passado.

É como se o peso do passado viesse para o presente, nos impedindo de evoluir e de desenhar um futuro. Mas será que é possível construir um futuro com questões não resolvidas do passado?

Passamos uma parte significativa do nosso presente imaginando um futuro, esquecendo do momento que temos agora, que é o único concreto para sermos felizes.

É este momento que temos para nos tornarmos melhores do que éramos ontem, para dizer que amamos as pessoas importantes em nossas vidas e para corrigir rotas e replanejar quem somos, que caminho queremos seguir e com quem queremos compartilhar.

Vamos caminhando na nossa jornada da vida, e ela sabe mais do que qualquer outra pessoa, até mais do que nós, que temos algo a resolver antes de dar o próximo passo. Por mais que afirmemos que tudo está resolvido, nosso eu mais íntimo sabe que ainda há coisas que nos assombram.

São essas sombras que nos afastam das pessoas que tentam se conectar de maneira mais profunda. São essas sombras que nos colocam em validação, muitas vezes invalidando-nos como pessoas. Elas nos fazem acreditar, em nossa intimidade, que não somos bons o suficiente para algo ou alguém. Elas nos levam a pensar que, quando algo acontece, não somos merecedores.

Essas sombras interferem negativamente em nossa intimidade, ferem nosso eu e nos fazem questionar nossa capacidade de sermos amados, até mesmo por nós mesmos.

Mas será que essas sombras deveriam ter tanta representatividade? Será que não estamos dando espaço demais para algo que nem mesmo está presente? Vamos continuar permitindo que alguns erros do passado definam nosso futuro? Até quando vamos permitir que se materializem em nossas atitudes, afastando pessoas que se importam conosco? Até quando vamos permitir que nos invalidem?

Quando os pensamentos do passado vierem te assombrar, traga para si parte da responsabilidade, acolha-se, ressignifique e olhe para o futuro. Se houver alguma questão do passado que ainda te incomoda, mesmo que você tenha sido a vítima, traga essa questão para perto de si e avalie-a sob um novo ponto de vista. Separe o que é seu do que é do outro. O que é seu é seu, e você precisa trabalhar com isso; o que é do outro, devolva ao outro. Essa carga é pesada demais para assumir sozinho(a). Nesse caso, a responsabilidade deve ser dividida; cada um carrega e resolve o que é seu.

Esses problemas do passado nos impedem de construir um futuro leve, pois, ao menor sinal, tudo vem à tona, e o que deveria ser leve, fluido e limpo, torna-se um fardo. Será que um acontecimento do passado precisa ter todo esse significado no seu presente?

Não podemos mudar o passado, mas podemos olhar para ele com mais ternura, acolhimento e aprender com isso. É como uma fruta: você colhe, lava e espreme, tirando todo o seu suco. Pegue o que aconteceu no passado e que ainda te assola, colha, lave e esprema, extraindo os aprendizados necessários para construir algo muito melhor no futuro. O que não te serve, assim como o bagaço, jogue fora.

Chega de caminhar pela vida com a mochila cheia de algo que não te cabe mais. Chega de deixar de viver algo por puro medo de que algo ruim se repita. Chega de não querer sonhar com alguém especial por causa da angústia do sofrimento. Chega de dar ao passado o peso que ele não merece no seu presente e nem no seu futuro.

O passado é um tempo que não volta, e o futuro é um tempo que ainda não aconteceu; portanto, o peso de cada um deve permanecer em seu tempo. O nosso é aqui no presente. É aqui que podemos fazer algo pelo nosso futuro, para que, quando chegar o momento, possamos apenas viver, leve, livre e plenamente.

POR QUE TEMOS TANTA DIFICULDADE DE IR EMBORA?

Nós, seres humanos, estamos sempre à procura de algo. Na parte visível, buscamos um bom emprego, um carro novo, um apartamento, roupas e calçados novos. Na parte invisível, estamos em busca de amor, afeto, empatia, reconhecimento, entre tantas outras coisas. Estamos sempre condicionando nossa felicidade a algo, como se ela dependesse disso para ser possível.

Sonhamos com um bom emprego, e ele acontece. Durante alguns anos, foi possível ser feliz ali, e muitas das conquistas que tivemos foram por meio desse trabalho. Mas as coisas mudam, e aquele que foi seu emprego dos sonhos se transforma. Os valores que te conectavam deixaram de existir, e a admiração foi ficando cada vez mais distante. As transformações não acontecem de uma hora para a outra, nem a reconciliação se dá de forma repentina.

Todo mundo sonha com um grande amor. Quando, de repente, passando os dedos por algum aplicativo, e encontramos aquela pessoa que preenche um vazio deixado por alguém que teve grande representatividade e importância em nossa vida. Aos poucos, vamos nos conhecendo: por meio de trocas de mensagens constantes, jantares e lindas palavras após o encontro. Tudo parece um filme, tudo se encaixa perfeitamente. Acreditamos tanto nesse sonho que juramos que é um encontro de almas e que estamos ali por um propósito maior. Que loucura! O mundo acontecendo à nossa volta e nós tão imersos nessa paixão que ficamos incapazes de ver um palmo à nossa frente. Com o tempo, as mensagens vão ficando mais esparsas e, quando menos esperamos, desaparecem. Afinal, não seria esse o reencontro de almas que tanto esperávamos?

A vida nos surpreende e o telefone notifica nova mensagem, conversamos e dizemos o quanto somos importantes na vida um do outro; o amor é selado novamente. Dois ou três dias depois, as mensagens deixam de existir, e as notificações param. Mais uma vez, o vazio e a angústia preenchem o coração cheio de paixão. Alguns dias depois, as mensagens retornam. Parece que só somos um porto seguro para os momentos de tempestade.

Dizer é fácil; fazer, pouco se faz. É difícil sustentar a coerência entre pensamento, fala e ação. Quem não o faz, naturalmente, vê as coisas simplesmente irem com os ventos daquela tempestade.

Até aqui, vimos o quanto somos intensos e até inocentes. Mergulhamos em nossa imensidão sem saber se dá pé ou não. Simplesmente deixamos nosso coração pensar e agir.

Nos entregamos a uma relação de corpo e alma, em alguns casos, literalmente. Muitas dessas relações ficam respirando com a ajuda de aparelhos. Nos doamos a alguém que não sabe a dimensão da importância que tem em nossas vidas. Tudo parece vago demais. Em uma conversa, até verbalizamos, mas agir? Já fica difícil.

Nem sempre aquilo que nos fez feliz um dia precisa ficar. Não precisamos aceitar o que o outro tem para nós, se isso não for o suficiente e merecido. Não precisamos nos apegar ou nos contentar! Temos que saber dizer não quando julgamos que algo, daquele jeito, não nos serve. Por que precisamos nos contentar com isso?

É difícil dizer adeus a algo que é importante para nós; parece que invalidamos até nosso próprio sentimento. Sabe por quê? Porque crescemos ouvindo que temos que fazer tudo para dar certo. Mas será que precisamos insistir em permanecer? Por que insistimos tanto nisso? Por que temos tanta dificuldade de deixar ir embora?

É possível tentar para que as coisas deem certo; toda tentativa é válida. Mas quando tentar passa a ser insistir, algo está errado. Insistir é quase forçar para que as coisas funcionem. Imagine que a pessoa seja como nós e não saiba dizer não. De tanto insistir, conseguimos trazê-la para mais perto. Mas será que é esse sentimento que queremos desfrutar? Um sentimento resultante da insistência? O que isso pode nos custar?

O problema é que aprendemos a nos contentar com o que nos dão, ao invés de buscarmos o que realmente merecemos. Precisamos saber partir quando algo nos deixa mais tristes do que felizes. Devemos aprender a dizer não mais frequentemente, especialmente quando as coisas começam a vir apenas pela metade. É fundamental definir pontos de porto seguro para que, quando as coisas saírem de rota, tenhamos onde nos ancorar. Precisamos aprender a escutar e observar mais.

Devemos aprender a dizer adeus àquilo que não nos preenche e não nos representa. Precisamos viver nosso sim quando dizemos não. Dizer não é permitir que as coisas se vão. Precisamos aprender a deixar partir o que não nos serve mais, para que novas oportunidades possam chegar. Precisamos nos despedir de escolhas pela metade.

Toda vez que tomamos a decisão de dizer não e partir, estamos escolhendo a nós mesmos. Precisamos dizer muitos nãos, mas precisamos dizer ainda mais sins: deixar partir o que não nos serve é abrir a porta para que o novo entre! As coisas novas só chegam quando temos espaço disponível para que elas possam entrar.

SERÁ QUE ESTAMOS PREPARADOS?

Todos os dias, somos testados em diversas circunstâncias que a vida nos impõe. É um teste diário para saber como lidaremos com nossas escolhas, mas, principalmente, como enfrentamos as consequências delas.

Será que estamos preparados para o que o mundo nos apresenta como hipóteses? A resposta é não; nunca estaremos, e está tudo bem. Ninguém nasce pronto; nos moldamos conforme nossa jornada acontece.

Lidar com a morte pode ser fácil para alguns, mas muito mais difícil para outros. Para algumas pessoas, a morte faz parte do processo da vida. Entretanto outras têm dificuldade em lidar com a ausência e o vazio que isso causa. Por mais natural que seja esse processo, nunca estaremos preparados para perder alguém que realmente é importante para nós, até mesmo aquelas pessoas que afirmam aceitar a perda. Talvez seja apenas uma forma de naturalizar a perda física, mas não a ausência de afeto que isso nos causa.

Amar! O que é amar? O dicionário diz que amar é demonstrar afeto, estima e apreço por outra pessoa. Mas e quando esse amor é maior do que imaginamos? O que acontece? Conheço pessoas que amam tanto que se apegam e continuam buscando formas de viver um amor solo, porque o amor romântico, em que duas pessoas compartilham o mesmo sentimento, já está claro que não vai existir. Essas pessoas que não querem um amor romântico, praticam uma forma de vampirismo emocional, sentindo falta de massagear o ego e voltando com a falsa promessa de querer saber como estamos. Dentro desse amor solo, muitas vezes, só precisamos disso para nos iludir. Não estamos preparados para nos despedir, mesmo sabendo que é necessário.

Por que às vezes é tão difícil nos escolhermos? Até para isso não estamos preparados. Parece que, ao nos escolhermos, estamos sendo egoístas e não pensando nos outros. É como se não pudéssemos escolher nossa própria felicidade, mesmo que sozinhos. Para estarmos bem e felizes, não precisamos ter 10 pessoas ao nosso redor; precisamos estar bem conosco. Esse é o primeiro passo para fazer outras pessoas felizes. Escolher a si mesmo não significa que não nos importamos com os outros; claro que nos importamos, mas, entre as prioridades, devemos ocupar o primeiro lugar. Prioridade é aquilo que vem primeiro, e nossa felicidade e nosso autoamor nunca deveriam sair desse posto. Mas por que não estamos preparados para isso?

Por que escolher a si mesmo(a) é uma tarefa muitas vezes tão difícil? São necessárias muitas sessões de terapia para fazer algo que deveria ser simples: escolher-se. Escolher-se para ser feliz. Escolher-se para amar a si mesmo(a) e, depois, ao outro. Escolher-se para ficar bem, mesmo que o outro não esteja tão bem quanto nós. Escolher-se pelo simples fato de se querer bem.

Precisamos parar de nos sentirmos culpados ao dizer "não". Por que a sua felicidade não pode ser prioridade? Por que escolher o que é bom para você deve ser visto como egoísmo? Quando foi a última vez que você realmente se escolheu, sem culpa? Precisamos parar de acreditar que estamos em débito com os outros simplesmente por decidirmos fazer algo diferente, algo que nos faça bem.

A verdade é que ninguém está totalmente preparado para tudo, mas a verdadeira preparação está em saber o que é melhor para nós. Escolher a nós mesmos é um ato de amor, não egoísmo.

Se alguém não compreender a nossa escolha, está tudo bem. Será que precisamos da aprovação dos outros para sermos verdadeiramente felizes? Se alguém nos oferece menos do que merecemos, aceitamos com gratidão, mas oferecemos de volta o que é justo. Porque, lá na frente, pode aparecer alguém disposto a caminhar ao nosso lado de forma plena e igualitária. E será que estamos nos preparando para essa pessoa ou ainda estamos presos às expectativas dos outros?

POR QUE AGRADECEMOS TÃO POUCO?

Por que temos tanta dificuldade de agradecer? Por que temos dificuldade de reconhecer que estamos em um lugar privilegiado? Por que temos dificuldade de olhar nossas conquistas e dizer "muito obrigado"?

É porque estamos sempre condicionando nossa felicidade a alguma nova e grande conquista, esquecendo-nos de tudo que temos e do que somos hoje. Será que, ao focarmos apenas no que ainda não alcançamos, não deixamos de perceber o imenso valor do que já conquistamos? Em algum momento, passamos a associar nossa felicidade exclusivamente ao que ainda precisamos alcançar.

É uma busca incessante. Estamos tão acostumados a perseguir objetivos e metas, que esquecemos de celebrar as vitórias do presente. É um débito eterno conosco. Se olharmos à nossa volta, temos muito mais motivos para agradecer do que para pedir. O que seria da nossa vida se, ao invés de reclamarmos, fizéssemos uma pausa para reconhecer e agradecer tudo o que já conquistamos até aqui?

Mas por que temos tanta dificuldade em deitar-se à noite em nossa cama e simplesmente agradecer? A gratidão, quando não praticada, pode ser como uma semente que, ao ser negligenciada, não cresce. Precisamos regá-la para que floresça em nossa vida.

É importante refletir sobre nossa vida, nossas conquistas e nossas alegrias, e agradecer. Mas por que a gratidão só parece surgir quando estamos satisfeitos com o que temos? Será que conseguimos agradecer mesmo nas dificuldades, nas falhas e até nos momentos de tristeza? Não basta agradecer somente quando as coisas estão ótimas; é muito mais importante agradecer pelos nossos erros, pelas nossas falhas e até pela nossa tristeza. Será que conseguimos ver a beleza na vulnerabilidade?

É nessa zona cinzenta, quando sabemos usá-la como fonte de aprendizado, que crescemos como seres humanos. Mas insistimos em mergulhar cada vez mais fundo e questionamos o tempo todo: "Por que eu?". Cada escolha que fazemos ao longo da nossa caminhada direciona nossos caminhos e nossos obstáculos.

Somos frutos das nossas escolhas, e não ter gratidão pelas nossas falhas é continuar olhando para a situação na posição de vítima, repetindo "por que eu?". Quando, ao invés de lamentar, podemos ver nossas falhas como oportunidades para recomeçarmos e fazermos diferente?

Precisamos aprender a olhar para nossas derrotas com ternura e acolhimento; aí está uma nova oportunidade de fazer diferente. Você consegue olhar para suas falhas com compaixão, reconhecendo que, ao errar, você está mais próximo(a) de sua verdadeira evolução? Precisamos aprender a olhar para nossos erros, perdoar a nós mesmos e abrir um novo caminho para que eles não se repitam. Você já se deu permissão para se perdoar e seguir em frente, ou ainda se prende ao peso do passado?

Devemos aprender a encarar as decepções, separando nossas expectativas das ações dos outros. Será que conseguimos enxergar nossas desilusões como parte do processo de evolução, e não como uma sentença de infelicidade para o resto da vida?

Como podemos transformar a dor em aprendizado e olhar para as pessoas de uma nova forma, mais leve e cheia de compreensão? Será que a verdadeira gratidão está em aprender a ver os outros e a nós mesmos com mais aceitação, sem esperar perfeição, mas com o desejo genuíno de crescimento?

É fundamental olhar para tudo o que nos fez mal e confiar que o tempo tem o poder de curar, sem que carreguemos esse peso conosco o tempo inteiro. Mas será que estamos prontos para deixar ir o que já não serve mais? Quais crenças ou padrões antigos precisamos liberar para que possamos ser mais gratos e leves no presente?

Você já se perguntou como seria possível começar a agradecer, mesmo diante das dificuldades? Será que o simples ato de agradecer, mesmo quando algo ruim acontece, pode nos ajudar a encontrar uma nova perspectiva? O que aconteceria se começássemos com pequenos gestos de gratidão, de dentro para fora?

A gratidão não é apenas uma palavra. Ela é um estado de espírito que se reflete em nossas ações diárias. Por isso, comemore e agradeça por cada pequena conquista, cada alegria, cada paixão que fez seu coração bater mais forte, pela oportunidade de estar vivo(a) e viver mais um dia, e pela chance de dizer "eu te amo" a quem ainda não disse. Será que estamos celebrando as pequenas vitórias tanto quanto as grandes?

Saiba valorizar cada passo, cada sorriso, cada amor e cada vitória. Como você pode, hoje, expressar gratidão por algo simples, mas significativo em sua vida? Quando menos perceber, a gratidão será sua aliada constante, transformando sua vida de dentro para fora. Está pronto(a) para permitir que a gratidão transforme seu olhar sobre a vida?

Afinal, a verdadeira riqueza está na capacidade de agradecer por tudo o que a vida oferece, até mesmo nas pequenas coisas.

COMO VOCÊ SE AUTOSSABOTA?

Já parou para pensar quantas vezes dissemos "não" para nós mesmos? Já refletiu sobre quantas vezes não ousamos tentar por nos autodeclararmos incapazes? Já pensou em quantas vezes afastamos outra pessoa que queria se conectar de forma mais profunda? Já considerou quantas vezes nos impedimos de arriscar, de ousar, de amar e até de sermos felizes?

Na nossa jornada, encontramos muitas pessoas que não querem o nosso bem, que nos invejam ou até que nos sabotam, mas a nossa principal ameaça é como nos comportamos diante de nós mesmos. Sabe por quê? Muitas vezes, temos algo no inconsciente que nos impede, como se não pudéssemos ou não fôssemos merecedores de uma grande conquista ou de uma grande paixão.

Trazer nossos traumas para o contexto atual é analisá-los sob uma nova ótica. Agora, temos uma nova visão de mundo. Nossa concepção mudou em relação ao mundo, ao outro e a nós mesmos. Algumas das nossas falhas do passado nos assombram até hoje. Quando achamos que corremos um risco iminente, nossa visão fica turva e confusa, e o coração chega a disparar com medo de viver tudo novamente. Qual a nossa primeira reação? Tentamos impedir que sintamos tudo novamente.

O medo pode ser uma boa justificativa, mas não convence. O medo é importante para a nossa sobrevivência; ele sinaliza quando há risco. Entretanto esse mesmo medo nunca deve te parar. Se isso acontecer, é hora de pedir ajuda.

Somos programados a evitar sentir novamente tudo aquilo que, de alguma forma, nos remete a um ocorrido não tão feliz. Mas estamos errados! É importante deixar a emoção correr pelo seu corpo; isso vai durar alguns longos minutos. Quando chegar esse momento, silencie e respire profundamente. Sinta o ar entrando pelas suas narinas, percorrendo todo o seu pulmão e saindo pela boca, bem devagar. Concentre-se nesse caminho. Permitir-se viver o sentimento é importante e necessário, pois só assim saberemos o que estamos sentindo e o que faremos com isso.

Permita-se sentir medo, angústia, dor, tristeza, decepção e qualquer outro sentimento que tenha uma carga energética mais densa, mas não permaneça nesse estado. Esse é o momento de entender o que está acontecendo com o corpo, extrair uma lição e seguir adiante.

Somos seres humanos cheios de qualidades e defeitos, mas o pior deles é não nos permitirmos viver as emoções. Quando nos deixamos de lado, não criamos repertório emocional, e isso é muito perigoso. Sabe por quê? Porque ficamos expostos e, se não soubermos lidar com isso, é um prato cheio para quem só quer sugar o nosso melhor.

Não existe motivo para não se permitir viver coisas novas. As coisas podem dar errado, sim. Mas e daí? Use o que aconteceu de errado para fazer com que as coisas deem certo.

Não há razão para não deixar alguém te acessar emocionalmente só porque essa pessoa pode trazer sofrimento e tristeza. Mas e daí se ela trouxer? Pode até trazer sofrimento, mas com certeza as alegrias serão infinitamente maiores. O que nos impede de abrir o coração, mesmo sabendo que a vulnerabilidade pode nos expor a riscos? Será que, no fundo, temos medo de nos permitir ser felizes por completo, justamente por que tememos a dor que pode vir depois?

Não há motivo para fugir de alguém quando se está apaixonado(a), pois o máximo que pode acontecer é uma decepção. Mas e daí? Isso quer dizer que criamos expectativas excessivas e que o outro não correspondeu a elas. Será que estamos exigindo mais do que o outro pode oferecer, sem perceber que, às vezes, a responsabilidade por nossas expectativas é inteiramente nossa? Mas vale destacar um ponto importante aqui: em quem está o erro? Em nós ou no outro? Acho que já sabemos onde está o problema, certo? Só podemos esperar algo de alguém quando existe um compromisso; quando não houve esse comprometimento, significa que calibramos demais e excedemos na espera do que alguém ofereceria, sem sequer saber que tínhamos essa expectativa.

Não existe receita para viver; o que existe é a oportunidade de fazer isso. Vai dar errado algumas vezes, vamos chorar outras, mas vamos sorrir também. Mas nunca diga "não" a si mesmo(a). O maior erro que cometemos é a autossabotagem.

Quando praticamos a autossabotagem, estamos realmente impedindo nossa felicidade, mesmo que por breves momentos. Cada minuto que deixamos de viver é um minuto a menos para nos sentirmos completos e realizados. Você já parou para pensar: vale a pena se sabotar dessa forma? Será que estamos nos privando da verdadeira alegria que a vida oferece? E o que estamos deixando para trás ao não viver plenamente? A vida está passando diante dos nossos olhos e, mesmo assim, continuamos a esperar o momento perfeito para agir. Você vai continuar se impedindo de aproveitar o que a vida tem de melhor? A escolha é sua, sempre foi. Quando é que você vai escolher ser feliz e viver sem limitações?

QUAL É A SUA MAIOR PRIORIDADE?

Desde muito pequenos, ouvimos de nossas mães e pais que devemos nos comportar na frente dos outros. Nessa fase, aprendemos e consumimos muitas informações de diversas maneiras, afinal, estamos começando a criar nossa identidade. Se vemos algo diferente do nosso cotidiano, perguntamos para entender do que se trata e, muitas vezes, talvez tenhamos sido ignorados.

A intenção não era fazer com que nossa mãe ou pai passasse vergonha por algumas poucas perguntas, mas sim compreender o contexto e trazer um novo aprendizado para nosso universo. Pode até ser que, em determinados momentos, tenhamos sido inconvenientes, mas era apenas a curiosidade de quem estava descobrindo o mundo.

Nessa fase, todos dizem como devemos ser, como devemos nos vestir, como devemos nos comportar e o que devemos falar na frente dos outros. Se não conquistamos nosso espaço e não trazemos nossa identidade para esse contexto, corremos o risco de nos tornarmos adultos que não se priorizam. A satisfação do outro vem sempre antes da nossa.

Escolhemos com base em como o outro vai entender nossas escolhas. Às vezes, escolhemos algo não para nos deixar felizes, mas porque acreditamos que o outro gosta, admira ou gostaria de algo similar.

Quantas vezes escolhemos uma roupa apenas porque alguém disse: "Que casaco lindo, vai ficar ótimo em você"? Vestimos algo que não nos representa, mas acabamos comprando pelo elogio. Quantas vezes saímos para lugares onde não nos sentimos à vontade só porque alguém disse que seria legal?

E quando éramos crianças, quantas vezes pedimos algo para nossa mãe e fomos ignorados? "Mãe, quero essa camiseta do Super Mario". As respostas podiam ser: "Compro" (pouco provável), "Você já tem muitas" ou simplesmente o silêncio.

Crescemos acreditando que nossa opinião não importa mais que a dos outros. Por que temos tanta dificuldade em escolher algo que realmente desejamos? Por que é tão complicado desagradar o outro?

Liberar-se da preocupação com a maneira como o outro entenderá nossas escolhas é libertador, mas é um processo. Carregamos vieses que aprendemos com nossos pais. Não é algo que acontece da noite para o dia; não é uma chave que se liga e desliga. Requer tempo, entendimento e priorização.

Escolher não é um ato de egocentrismo, mas uma questão de prioridade. Ouvi uma frase que fez muito sentido: "Prioridade é o que vem primeiro". Se não fazemos isso por nós, quem faria?

Quando renunciamos à responsabilidade de agradar o outro, tudo se torna mais claro. É como se, por tanto tempo, carregássemos um nevoeiro que nos impedia de ver a luz do sol. Quando deixamos de carregar esse peso, a vida ganha clareza. Já parou para pensar que, assim como um planeta sem luz e água não pode ter vida, quando deixamos de priorizar nossa essência, nossa alma também se perde em um ciclo sem brilho? O que acontece quando deixamos de buscar aprovação externa para nos sentirmos completos? Ao nos permitirmos ser quem realmente somos, não damos espaço para a verdadeira paz?

Abrir mão de agradar os outros é como dar vida a nós mesmos. Você está pronto(a) para fazer isso? Aceitar que sua felicidade depende só de você? Pode ser difícil, mas quando nos priorizamos, a vida ganha uma nova perspectiva, a chave para a verdadeira paz espiritual. O que você está esperando para dar esse passo?

Fazemos escolhas a cada segundo de nossas vidas, e o principal norte para essas decisões deve ser: "O que me deixa feliz?", "O que me faz sentir mais confortável?", "O que me faz sentir melhor comigo mesmo(a)?". Saber tomar essas decisões de forma consciente é a maior prioridade que temos. Assim, é como se o trem voltasse aos trilhos. É resgatar nossa capacidade de ficar bem com nossas decisões, mesmo que isso desagrade alguém. Se a nossa escolha não agradou ao outro, não devemos assumir a responsabilidade de como ele se sentirá em relação a isso. Nossa responsabilidade é se, com essa decisão, vamos nos sentir bem.

Teremos que lidar com diferentes tipos de decisões: algumas fáceis e outras nem tanto. Vivemos em sociedade, e algumas decisões precisam ser tomadas em benefício do coletivo, o que pode nos causar certo incômodo. Nem sempre tudo gira em torno de nós, mas, como seres humanos, buscamos tornar o ambiente melhor para o grupo. Na maioria das vezes, a decisão será sobre nós, outras vezes como parte de um grupo e outras a partir de um contexto social. Mas uma coisa não muda: a pergunta crucial é qual decisão vai fazer com que eu me sinta melhor. Nossa maior prioridade é como nossa consciência vai lidar com essa decisão.

NEM TUDO É SOBRE NÓS

Ao longo da nossa jornada, enfrentamos diversas questões que nos proporcionam repertório para lidar com as adversidades da vida e impulsionar nosso autoconhecimento. Algumas dificuldades serão mais desafiadoras e exigirão uma compreensão profunda de nossas atitudes e suas consequências.

Não podemos evitar as dificuldades; cairemos inúmeras vezes, e isso não é um problema. O que realmente importa é como nos comportamos após essas quedas. Quais atitudes nos levaram a tropeçar? O que poderíamos ter evitado? Precisamos refletir sobre isso e buscar sair melhores a cada dia.

Embora não possamos evitar os tropeços e quedas, é essencial olhar para eles e aprender. Será que desviar do caminho planejado seria uma alternativa? O que nos levaria a escolher uma nova rota? Qualquer caminho terá suas dificuldades, mas sempre haverá pessoas que nos apoiarão, assim como aquelas que criticarão.

As críticas geralmente vêm de idealizações que os outros têm de nós e, quando nos deixamos afetar por elas, nos afastamos de nosso verdadeiro propósito. Poucas pessoas lidam bem com essas expectativas, e é importante ter uma conversa honesta consigo mesmo(a) e com quem idealiza algo sobre você. Por que deixar de lado o que nos traz bem-estar para atender à expectativa de alguém que pouco conhece nossa trajetória?

Chega um momento em que precisamos nos libertar das amarras que nos pesam. É necessário aprender a dizer "não" sem culpa e, ao mesmo tempo, dizer "sim" para nós mesmos. Muitas vezes, o que nos desvia do nosso caminho planejado está relacionado aos outros.

Não se trata de viver de maneira egoísta, mas de aprender a recusar o que não queremos e aceitar o que realmente desejamos. É importante reconhecer nossas limitações sem impor barreiras a nós mesmos. Nossos limites estão ligados às nossas crenças, aos nossos princípios e valores e, ao atender às expectativas alheias, muitas vezes rompemos esses limites, prejudicando nossa essência. Será que, ao ignorarmos o que realmente precisamos, não estamos sacrificando nossa verdadeira felicidade?

Zele pelos seus limites e não os rompa para agradar aos outros. Nem tudo gira em torno de nós, nem tudo diz respeito ao outro. Somos seres humanos com direito à individualidade. Por que sacrificar esse princípio para satisfazer alguém?

A vida é única, e a responsabilidade de buscar a nossa felicidade é exclusivamente nossa. Cada escolha que fazemos deve refletir nossos verdadeiros desejos e necessidades, pois só nós podemos decidir o que nos traz paz e realização. Ao invés de seguirmos caminhos impostos, é essencial que olhemos para dentro e possamos ouvir o que o nosso coração realmente quer. Você está fazendo escolhas que nutrem a sua alma? Está priorizando sua felicidade, ou deixando o mundo decidir por você?

POR QUE O MEDO INFLUENCIA TANTO?

O medo é uma barreira para muitas decisões que temos que tomar. Ele nos faz pensar nas possibilidades que poderiam se abrir diante de nós, mas, ao mesmo tempo, causa incerteza e nos paralisa.

O pior de tudo é que, muitas vezes, acreditamos que permanecer como estamos é a melhor decisão, garantindo uma falsa sensação de segurança. Escolher ficar nem sempre é inteligente. Se não conseguimos romper certas ligações, alguém mais corajoso pode tomar essa decisão por nós.

Quando isso acontece, sentimos que fomos negligenciados e invadidos, e transformamos essa dor em um sofrimento absoluto, a ponto de nos sentirmos despedaçados. Nessa hora, vestimos a capa de vítima. Mas será que essa é uma escolha inteligente? Não deveríamos olhar para a situação sob outra perspectiva?

Temos o direito de nos sentirmos invadidos, mas não de permanecermos assim. Temos o direito de nos sentirmos aos cacos, mas não podemos deixar de recolher os pedaços e colá-los. Assim como os japoneses, que juntam os fragmentos quebrados e os colam com fios de ouro, tornando a peça ainda mais valiosa. É a nossa história.

Devemos recomeçar sempre, e o medo não deve influenciar essa decisão. Ao escolher seguir em frente, abandone suas mágoas e rancores; isso só tornará sua caminhada mais pesada.

Se você deixou de dizer algo a alguém, aproveite e diga. Se não perdoou alguém, perdoe. Mas, antes de tudo, acolha-se e perdoe-se. Se deixou de expressar seu amor, lembre-se de que pode não haver outra oportunidade. Quando alguém novo entrar na sua vida, diga o que sente e viva.

Aproveite cada momento ao lado de quem ama, pois a vida é rápida e pode não haver tempo para estarem juntos(as) novamente. Se sentir que alguém está te deixando de lado e só aparece em momentos de solidão, liberte-se! Despeça-se das migalhas e abra-se para receber o inteiro de quem realmente se importa. Não se contente com alguém que apenas diz que você é especial; esteja ao lado de quem realmente te faz sentir assim.

Algumas despedidas são necessárias para novas chegadas. Embora causem medo e um vazio, elas são essenciais para nos sentirmos vivos e inteiros novamente. O medo não deve te paralisar, mas sim te dar aquele frio na barriga por tentar algo novo. Se ele estiver impedindo seu próximo passo, pare, reflita e entenda sua origem.

Sentir medo não é uma escolha; vamos sentir e tudo bem. Mas a responsabilidade sobre como o medo influencia suas decisões é apenas sua. Permita-se sentir o medo, mas também avance. Viver o medo é natural, mas viver coisas novas é muito mais gratificante.

Nossas atitudes e o que desejamos influenciam como nos sentimos. Escolher deixar o medo ser maior que sua felicidade não deve ser uma decisão.

CORAGEM DE SE AGRADAR: LIBERTE-SE DAS EXPECTATIVAS

Passamos tanto tempo tentando agradar os outros que perdemos a capacidade de nos agradar. Deixamos de comemorar as pequenas conquistas e ficamos sempre com a sensação de que algo está faltando, presos na condicional "E se tivesse sido assim?". Será que, no fundo, estamos nos sabotando, buscando aprovação alheia para preencher um vazio interno? Por que é tão difícil olharmos para dentro e reconhecermos as vitórias que conquistamos, sem dependermos da validação dos outros?

Estamos constantemente focados em atender às solicitações alheias, mesmo que isso custe nosso tempo ou comprometa algo que faríamos por nós mesmos. Mas por que agimos assim? Queremos agradar os outros, mesmo que isso signifique abrir mão de algo importante. Será que estamos evitando o desconforto de dizer "não" por medo de desagradar ou sermos rejeitados? Por que a necessidade de aceitação parece superar, tantas vezes, o nosso próprio bem-estar?

Vale a pena sacrificar a nós mesmos em detrimento dos outros? Quantas vezes você já disse "não" a si mesmo para dizer "sim" a alguém? Quantas vezes esteve em um lugar onde não queria estar? A que custo você tem feito essas escolhas?

É natural querer agradar as pessoas ao nosso redor, e isso não é um problema. Contudo essa necessidade nunca deve ser maior que a de se agradar. Precisamos aprender a dizer "não" para conseguir dizer "sim" para nós mesmos. Quando foi a última vez que você fez algo só para você, sem se preocupar com o que os outros pensariam? Como seria sua vida se você tomasse mais decisões focadas no seu próprio bem e felicidade, sem o peso da culpa?

Nem sempre o outro aceitará seu "não" sem questionar; afinal, seu "sim" é importante para ele, pois pode trazer benefícios. Mas quanto isso custará a você? Seu tempo? Algum desejo seu deixado de lado?

Temos facilidade em agradar os outros, mas e quanto à coragem de nos agradar? Você já se deu permissão para ser egoísta, no bom sentido?

Agradar a si mesmo(a) é ter coragem de dizer: "Espere, estou ocupado(a); quando terminar, poderei ajudar". Agradar a si mesmo(a) é encerrar relações que te desgastam mais do que te agradam. É dizer "não" a alguém importante, porque dizer "sim" vai contra o que você acredita. É abrir-se para seus sentimentos, mesmo que isso te traga rótulos. Como você lida com os rótulos que os outros tentam te impor? Será que você se permite ser quem realmente é, mesmo que isso desagrade? É fazer as coisas no seu tempo, quando faz sentido para você. É entender que alguns ciclos precisam ser interrompidos para que novos se abram.

Agradar a si mesmo(a) é dizer "sim" mais vezes do que "não". É colocar-se em primeiro plano, mesmo que isso cause incômodo. É ter coragem de ser quem você é, com qualidades e defeitos, luz e sombra. O que você tem deixado de lado, escondido de si mesmo(a), para se encaixar em expectativas alheias? Como seria sua vida se você se permitisse ser completo(a), sem medo de ser incompleto(a) para os outros?

Precisamos aprender a nos agradar mais, a ouvir nossa própria voz e fazer o que é essencial para a nossa paz interior. Quantas vezes você tem colocado os outros à frente de si, esperando que eles determinem o que é melhor para você? Será que, ao seguir as expectativas dos outros, você está verdadeiramente seguindo o seu caminho? E se, ao invés disso, você começasse a se comprometer com seu próprio bem-estar? A verdadeira felicidade começa quando você escolhe a si mesmo(a), com coragem e convicção. Está pronto(a) para fazer dessa escolha a sua prioridade?

O QUE ESTAMOS DEIXANDO PASSAR?

O tempo é um recurso finito que estamos deixando escorregar pelas mãos. Ficamos presos a conceitos e expectativas alheias, tentando nos encaixar em padrões que não refletem quem realmente somos. Nos apegamos a medos do passado, temendo que os mesmos tropeços se repitam, e nos limitamos por crenças que já não nos servem mais. Quando nos damos conta, estamos vivendo de acordo com falsidades impostas pela sociedade, esquecendo que o verdadeiro poder está em nos libertarmos dessas amarras e vivermos de acordo com nossa essência.

Estamos deixando passar o bem mais precioso que alguém pode ter: o tempo. O dia tem 24 horas, e a soma dessas horas se transforma em dias, meses e anos. Nosso relógio biológico, no entanto, é inverso; cada minuto que passa é um grão de areia que preenche a ampulheta da vida.

Nenhum caminho que escolhermos nos levará ao nosso objetivo sem que a vida nos apresente dificuldades, tropeços, quedas e muitos aprendizados, desde que optemos por ver tudo como uma oportunidade, até mesmo as quedas. Esses tropeços nos fortalecem, nos dão musculatura e muito aprendizado na jornada da vida. Que graça teria a vida se não tivéssemos a oportunidade de aprender?

Ao longo da nossa jornada, vamos errar e acertar. Em alguns momentos, erraremos mais do que acertaremos e, em outros, o contrário será verdade. Mas o que realmente importa é a persistência em nos tornarmos melhores a cada dia. Olhar para o retrovisor não deve ser um ato de saudade por um tempo que não podemos mudar, mas sim uma reflexão sobre o que aprendemos. Será que estamos realmente aprendendo com nossos erros? O que podemos extrair de cada situação, boa ou ruim, que vivemos? O tempo, embora nos tire momentos, também nos oferece um mar de aprendizado. Estamos aproveitando essa fonte inesgotável da melhor forma possível?

Haverá dias em que desejaremos que o tempo passe o mais rápido possível, seja porque o dia não está bom ou porque um relacionamento se rompeu. Esses dias existirão, e não podemos fingir que não. O que fará a diferença é como acordaremos no dia seguinte. Às vezes, o que precisamos é esvaziar a mente e passar longos minutos, horas ou até dias com nós mesmos, para encontrarmos respostas para nossas angústias. A tecnologia muitas vezes nos distancia desse silêncio interno tão necessário. Se decidimos ver um filme, não conseguimos prestar atenção no filme nem no celular, e acabamos não fazendo nem um nem outro.

É fundamental aprender a silenciar a alma e a ficar sozinho(a) nesse espaço chamado "eu", ouvindo a voz suave da nossa intuição. É no silêncio, muitas vezes, que as respostas para as nossas dúvidas emergem, como sussurros de algo profundo dentro de nós. Quantas vezes deixamos esse silêncio passar despercebido, sem perceber que ele carrega em si as chaves para o que buscamos?

Não subestime os momentos em que você está sozinho(a) consigo mesmo(a), pois é nesse silêncio interno que o verdadeiro entendimento pode surgir. Você tem permitido que esse silêncio se torne seu aliado, sem pressa de respostas imediatas, apenas permitindo que ele se revele com calma?

O silêncio não precisa dizer palavras, ele nos ensina a escutar o que já sabemos no fundo do nosso ser.

O TEMPO DAS COISAS

Dizem que o tempo é o senhor da vida, e de fato é. Nesta caminhada, há uma fase em que não sabemos o que queremos e tão pouco quem somos, moldando-nos de acordo com o ambiente em que circulamos. Absorvemos uma infinidade de informações constantemente; algumas se conectam ao que imaginamos ser, enquanto outras não. É como se fôssemos uma esponja: absorvemos muito, mas depois expelimos o que não nos serve.

Em muitos momentos, ficamos em dúvida sobre nosso lugar no mundo, e isso é normal, pois ainda somos crianças descobrindo a arte de viver. Viver do nosso jeito, com ousadia, sem medo, simplesmente sendo quem somos, nem mais nem menos.

Nessa fase de descobertas, desejamos acelerar o tempo. Crescemos vendo nossos pais embrulhando frutas em jornais e colocando-as no forno para que amadurecessem mais rápido. A vida real não é uma fruta, e não podemos acelerar nosso próprio amadurecimento. Se queimarmos alguma etapa, na fase adulta a vida voltará para nos cobrar.

As palavras ditas pelos pais com a intenção de educar podem causar feridas que perduram por toda a vida, mesmo que não sejam intencionais. Comparar filhos a outros, com frases como "O filho de fulano é muito mais organizado" ou "O filho de beltrano estuda muito mais e só tira notas boas", pode levar a crenças limitantes. Aqueles que estão em formação podem passar a acreditar que são desorganizados ou menos inteligentes. A vida já é dura por si só, e essas comparações a tornam ainda mais difícil.

Com o passar do tempo, absorvemos o que vemos ao nosso redor e nos ambientes que frequentamos. Tornamo-nos uma esponja de comportamentos, tanto bons quanto ruins. Na adolescência, já temos opiniões formadas e enfrentamos os pais, acreditando que o mundo é seguro.

Passamos por situações de bullying que, muitas vezes, trazem ainda mais medo. Temos receio de não sermos aceitos e, para isso, nos adequamos, escondendo partes importantes de nós na busca por aceitação. Isso ocorre, muitas vezes, em ambientes que parecem acolhedores, mas que nos rejeitam nas sombras. É o jogo da conveniência. Nessa época, pouco sabemos sobre política social, mas ela é crucial. Tudo é intenso: sentimos, amamos, sofremos e desapegamos com a mesma velocidade.

O tempo passa e aprendemos que o processo é importante, que tudo tem seu tempo. Chegamos à fase em que somos independentes e responsáveis pelas ações e reações que geramos e recebemos do mundo. Mesmo nessa fase de maior consciência, muitas coisas permanecem arquivadas em nosso inconsciente, ocultas até de nós mesmos, em busca de pertencimento. Ao menor sinal, tudo isso pode emergir como um vulcão, e não sabemos como lidar. Saber lidar com as emoções de forma tranquila e natural é um desafio para poucos, para os analisados e para aqueles que dominam o autoconhecimento.

Quando decidimos acessar essas informações ocultas, iniciamos um encantador processo de autoconhecimento. No início, isso pode gerar desconforto, pois nos deparamos com comportamentos que não sabemos como manejar. Se houver alguém para te orientar, como um terapeuta, aproveite para abrir suas gavetas. Muitas coisas foram ocultadas por uma questão de sobrevivência e agora precisam ser trazidas à tona para que possamos viver plenamente. Não podemos avançar para o futuro apenas olhando para o passado; devemos aproveitar intensamente o presente.

O tempo leva coisas, mas também traz outras importantes para nossas vidas. Amadurecer é um processo que, ao mesmo tempo que assusta, é transformador. Aprendemos a lidar com nossas emoções de uma forma menos tóxica. Aprendemos a elaborar melhor nossas questões antes de torná-las públicas e a falar o necessário, pois nem tudo que passa pela nossa cabeça precisa ser dito. O silêncio se torna uma ferramenta valiosa para expressar o que não precisa ser dito.

Valorizamos mais os poucos amigos do que a quantidade, pois esses poucos sempre estarão lá para nos dizer o que é necessário e nos ajudar em fases difíceis. Começamos a observar mais e falar menos. Todos dizem muito, mas poucas pessoas demonstram o real valor da sua presença em nossas vidas. Deixamos de agir como tolos, pois quem é intenso sabe que o que mais queremos é que nossos entes queridos estejam conosco, e colaboramos sempre que necessário. Mas chega um momento em que não conseguimos fazer tudo, e isso é aceitável.

Aprendemos a amar de maneira mais madura, respeitando a individualidade do outro, o que é essencial para a saúde dos relacionamentos. Valorizamos mais a nossa família, e a presença deles nos oferece segurança emocional e espiritual diante das adversidades, pois sabemos com quem podemos contar.

Não aprendemos isso da noite para o dia; cada coisa tem seu tempo. Não podemos acelerar o processo. A árvore não cresce sem o grão germinar, não se desenvolve sem que a adubemos e a reguemos periodicamente, não floresce se expulsarmos as abelhas que ajudam na polinização. A flor não se transforma em fruto sem sol e água, e o fruto não amadurece antes do tempo certo. Assim é a vida: tudo acontece no tempo que precisa. Não tente acelerar o rio; assim como ele, que não é o mesmo a cada segundo, somos seres humanos moldados por nossas experiências.

Aproveite cada momento da vida e valorize o presente, pois o tempo é finito e não volta atrás. À medida que ganhamos maturidade, o tempo se torna ainda mais precioso, e percebemos que cada instante é uma oportunidade que não podemos desperdiçar. Não se prenda à ilusão de tentar ser ou parecer algo que não é. Isso consome nossa energia e nos afasta da verdadeira essência. O que realmente importa é viver de forma autêntica, sem perder tempo com aparências que não refletem quem somos. Você tem investido seu tempo em ser verdadeiro(a) consigo mesmo(a)?

O tempo nos traz lições valiosas, e ao aprendermos a sermos verdadeiros com quem somos, com nossos defeitos e qualidades, alegrias e tristezas, descobrimos a beleza da naturalidade. Cada momento e cada experiência chegam a nós com um propósito profundo, embora nem sempre possamos compreendê-lo de imediato. Ao aprender a reconhecer e a seguir os sinais da vida, podemos transformar nossas quedas, decepções e tristezas em oportunidades de crescimento. Afinal, não se trata de vencer em uma competição, mas de conquistar a sabedoria e a paz interior. Você está pronto(a) para ver as dificuldades como trampolins para sua evolução?

O tempo é um fluxo constante que passa em milésimos de segundo e, com ele, tudo chega no momento em que deve fazer parte da nossa história. São essas experiências, com suas lições e desafios, que verdadeiramente carregamos conosco. Mas, ao olhar para tudo o que já viveu, você consegue perceber o valor dessas experiências?

Está pronto(a) para abraçar cada momento como uma oportunidade de crescimento e aprendizado, sem esperar que ele se repita? Como você tem aproveitado o presente, sabendo que é nele que sua verdadeira história se constrói?

O QUE LEVAMOS NA MOCHILA?

Nesta jornada que percorremos até aqui, não seguimos um roteiro ou qualquer lógica rígida, mas deixamos que o coração guiasse nossos passos. Essa busca constante nos ajuda a organizar os pensamentos, dando forma às nossas experiências, criando um início, um meio e um fim, assim como todas as histórias que valem a pena serem contadas.

Viver é um aprendizado contínuo que exige dedicação, disciplina e uma vontade inabalável de seguir em frente. Ao longo do caminho, encontraremos momentos de grande felicidade, mas também enfrentaremos desafios e tristezas. Essas contradições fazem parte da jornada, pois é nelas que encontramos lições valiosas.

Cada experiência nos molda e nos ensina a valorizar o presente, a acolher as emoções e a compreender que cada passo, seja ele leve ou difícil, contribui para nosso crescimento. Ao abraçarmos essa dinâmica da vida, podemos perceber que, mesmo nas dificuldades, há beleza e sabedoria a serem descobertas.

Em alguns momentos mais desafiadores da nossa vida, questionamos tudo o que acontece, inclusive Deus. Talvez essa seja uma maneira mais fácil de terceirizar a nossa responsabilidade. Viajar para dentro de si mesmo, no entanto, não é uma tarefa simples. Mergulhamos no vazio e não sabemos o que encontraremos nas partes mais escuras do nosso ser. Esses momentos de dúvida nos levam a refletir sobre o que está acontecendo dentro de nós.

Às vezes, o barulho não está fora, mas dentro de nós. Em meio ao caos das redes sociais e da busca incessante por validação, é essencial nos perguntarmos: o que estamos realmente procurando? As escolhas que fizemos no passado ainda refletem as decisões que tomamos hoje? Elas ainda representam nossos sonhos? Nem sempre fazemos pausas para entender o que estamos passando e o que estamos sentindo. Na correria do dia a dia escolhemos sempre não nos reapresentar ou ressignificar essas escolhas para ver se ainda cabem no momento atual.

Essa hesitação nos leva a questionar o que estamos realmente buscando ou de que estamos fugindo. Não se trata de ter uma vida ruim, mas sim de enfrentar dias que podem não ser tão bons. Por mais difícil que seja, quando somos expostos a muita luz ou à escuridão, inicialmente não enxergamos nada. Contudo, com o tempo, nossos olhos se adaptam, e começamos a ver as formas das coisas.

O equilíbrio é fundamental. Às vezes, nos cobramos demais por deixar de seguir a programação que idealizamos. Essas cobranças internas nos lembram que, a cada fase, somos uma nova versão de nós mesmos. Não precisamos carregar em nossas novas versões aquilo que não nos agradou em outras etapas da vida. Mudamos costumes, crenças e modos de pensar, mas nossa essência permanece.

Ficamos tempo demais planejando um futuro ideal, enquanto negligenciamos o presente. Esse desvio de foco é uma armadilha que nos faz perder o que há de mais precioso: o tempo. Refletindo sobre o envelhecer, percebo que isso está fora do nosso controle, o único compromisso que precisamos manter do início ao fim, é o de aproveitar cada momento para nos cuidarmos. O autocuidado e o autoamor são compromissos inegociáveis. Se algo arranhou isso e fez com que você perdesse um pouco de si, faça aquela pausa e se reorganize.

É essencial recordar que, para continuarmos autênticos e gentis, precisamos priorizar nosso bem-estar. Eu quero continuar sendo quem sou. Desejo compartilhar as coisas bonitas que minha essência pode oferecer, manter minha gentileza e continuar fazendo o bem. Embora tenha tido razões para mudar e me tornar alguém pior, a paz que sinto ao refletir sobre minha vida me confirma: estou no caminho certo. Ser uma pessoa boa sempre vale a pena.

Ao longo da nossa jornada, nossa vida se assemelha às estações. Passamos por diversas experiências — amores, desamores, alegrias e tristezas. Cada uma delas nos ensina e nos reconstrói. O que vale a pena? O que não vale? Temos clareza do nosso propósito? Essas vivências moldam nossa percepção sobre o mundo e nossas interações, levando-nos a refletir sobre o que realmente valorizamos. Ninguém chega a lugar algum sozinho. Nossas jornadas estão entrelaçadas com as de outras pessoas, e são elas que nos ajudam a seguir em frente.

Vivemos em um mundo de imediatismo e superficialidade, no qual se busca felicidade em vitrines e prateleiras. Nossas escolhas realmente refletem o que desejamos? Em momentos difíceis, nossa mochila emocional pode ficar pesada e desconfortável. É fundamental saber o que retirar dela: culpas, medos, arrependimentos e tristezas. Às vezes, carregamos algo por mero saudosismo; é preciso agradecer e desprender-se. Ao nos depararmos com esse excesso, precisamos aprender a discernir o que realmente importa para nosso crescimento pessoal.

Aprender a dizer não é uma habilidade vital. Nunca devemos fazer algo esperando algo em troca; a genuinidade é o que nos conecta. Mesmo que a jornada seja dolorosa em alguns momentos, desistir não é uma opção. É normal sentir medo, um sentimento que nos protege, mas ele nunca deve nos limitar. Quando enfrentar o desconhecido, pergunte a si mesmo(a): do que esse medo está tentando me proteger? Como o medo ou as expectativas dos outros estão me impedindo de abraçar quem realmente sou?

No fim das contas, não se trata apenas de dar certo, mas de fazer valer a pena. Ao olharmos para a nossa jornada, é crucial lembrar que, apesar dos erros, aprendemos e crescemos. Evoluímos e, com isso, nos tornamos versões melhores de nós mesmos. Que possamos sempre refletir sobre nossas escolhas e viver com intenção, acolhendo cada experiência que nos molda. É importante lembrar que cada fase da vida traz uma nova versão de nós mesmos.

É natural sentir medo e insegurança. Esses sentimentos fazem parte da jornada humana, mas não devem ser limitantes. Ao invés de evitarmos nossas emoções, devemos enfrentá-las. Ao desatar os nós que nos prendem a um passado que não nos representa mais, encontramos espaço para crescermos e evoluirmos.

Cada dia é uma oportunidade de reescrever nossa história. Devemos olhar para o espelho e nos reconhecermos como seres especiais, dignos de amor e respeito, tanto de nós mesmos quanto dos outros. Agradecer pelas pequenas coisas, aprender com os erros e celebrar os acertos são práticas que nos ajudam a encontrar equilíbrio em meio ao caos.

Imagine que um dia Deus nos pergunte: "Você conseguiu ser quem gostaria de ser?", "O que carregou na sua mochila era somente seu?", "Como foi a jornada?". As respostas a essas perguntas devem vir do coração. Poderíamos responder a Deus: "Sim, consegui ser quem gostaria de ser"? Se não, o que nos impede de afirmar isso? O que realmente importa não são as conquistas superficiais, mas sim a autenticidade que trazemos para nossas vidas.

Sejamos, portanto, aquelas pessoas que dizem não quando realmente querem dizer não. Que abraçam suas vulnerabilidades e se permitem viver plenamente, sem medo do julgamento. Que se priorizam e reconhecem que o amor-próprio é a base para uma vida plena e significativa.

Em meio ao ruído externo e à pressão do dia a dia, é fundamental encontrar um espaço interior de calma e reflexão. Pergunte-se sempre: "Quem eu quero ser hoje?". A resposta a essa pergunta é o que nos guiará em direção à realização pessoal.

A vida é uma jornada constante de aprendizado, onde cada passo nos aproxima de nossa verdadeira essência.

Ao longo do caminho, descobrimos que o propósito não está apenas nas grandes conquistas, mas nas lições que as dificuldades nos trazem. Somos desafiados a crescer, a sermos melhores a cada dia, a entender que cada experiência tem algo a nos ensinar. Mas o que estamos aprendendo realmente?

Estamos vivendo de acordo com nossos valores mais profundos? Já encontramos o nosso verdadeiro propósito, ou seguimos em busca dele sem perceber que ele está dentro de nós, na essência do "Eu"?

Que, ao longo da vida, possamos cultivar a coragem de sermos verdadeiramente nós mesmos, de vivermos de acordo com nossos valores mais profundos, sem medo de nos mostrarmos ao mundo em toda a nossa complexidade. Afinal, ser autêntico(a) não é apenas uma escolha, é um ato de amor-próprio.

No meio de todas as incertezas da jornada, é essencial lembrar que sempre há um lugar seguro para o qual podemos retornar, um espaço de acolhimento e amor incondicional, onde encontramos paz e renovação. Esse lugar é *Um Lugar Chamado Eu*.

EPÍLOGO

Construir o que somos e como nos formamos não é uma tarefa simples. Cada passo da nossa jornada nos apresenta desafios e, em muitos momentos, acreditamos que as situações à nossa volta definem quem somos. Já parou para refletir sobre quantas vezes as suas próprias percepções, moldadas pelas suas experiências e emoções, podem distorcer a realidade? Como será que estamos enxergando o mundo e a nós mesmos, quando nossas emoções estão à flor da pele?

A verdade é que, embora as dificuldades nos pareçam definitivas, a vida, com sua sabedoria infinita, sempre nos mostra que os caminhos árduos podem se transformar em valiosas lições.

Somos todos uma soma de experiências, memórias e valores que se entrelaçam para formar a nossa identidade. E, a cada dia, estamos em um processo constante de construção. Como você tem se reconstruído a cada novo desafio?

Cada experiência — seja ela positiva ou não — acrescenta uma camada ao nosso ser. Somos como um edifício que vai sendo erguido, tijolo por tijolo, com as lições que a vida nos proporciona. Já parou para pensar em como cada situação da sua vida te transformou até aqui? Como você escolheu reagir a cada uma delas?

Desde pequenos, nossos pais nos ensinam valores fundamentais, como o respeito, a empatia e a compaixão. O respeito, por exemplo, é um sentimento que vai além de um comportamento; é um reconhecimento profundo, primeiro de nós mesmos, e depois dos outros. Como você tem praticado o respeito consigo mesmo(a)? E a empatia? Você tem conseguido se colocar no lugar do outro e ampliar sua visão sobre o que realmente importa? Essas emoções e valores são fundamentais na construção da nossa identidade, mas o mais importante é: estamos aplicando o que aprendemos para nos conectarmos com os outros de maneira verdadeira?

Apesar de todos os ensinamentos e exemplos, a jornada é individual. Mesmo cercados por uma rede de apoio, somos responsáveis por nossas escolhas e, consequentemente, pelas suas consequências. Quantas vezes você já se pegou dizendo: "Eu devia ter escutado..." ou "Eu sabia que isso ia acontecer"? Mas será que a vida, com seus desvios e erros, não está te preparando de alguma forma para se tornar mais forte e mais consciente de quem você é? Cada erro, cada falha, tem algo a nos ensinar. Você tem conseguido olhar para esses momentos com a perspectiva de aprendizado e não de arrependimento?

A jornada de autodescoberta é exatamente isto: um caminho de descobertas e evolução. Se alguém te perguntasse, hoje, quem é você, você conseguiria responder sem falar sobre o que faz ou o que possui? Quem é você, de verdade, no fundo da sua alma? Esse lugar chamado "Eu" não é apenas sobre o que mostramos ao mundo, mas sobre o que sentimos quando estamos sozinhos, em silêncio, com a nossa essência mais pura. E se esse lugar é de liberdade, será que estamos permitindo que as nossas quedas e imperfeições também façam parte do processo de crescimento? É nesse espaço de aceitação, em que erros e acertos coexistem, que a verdadeira transformação acontece. Como você tem lidado com suas falhas e conquistas? Quando você se olha no espelho da vida, consegue enxergar a beleza nas imperfeições que te tornaram único(a)?

Essa jornada de autodescoberta é, antes de tudo, um processo profundo de transformação e amadurecimento. Ao longo dela, nos tornamos como o Kintsugi, a arte japonesa que repara objetos quebrados com fio de ouro, transformando suas fissuras em marcas de beleza e singularidade. Nossas imperfeições, assim como as rachaduras de um vaso restaurado, são partes essenciais da nossa história.

Para concluir, nossa verdadeira identidade não é moldada apenas pelas circunstâncias, mas pela maneira como escolhemos viver cada etapa do nosso caminho. Que, ao longo destas reflexões, eu tenha tocado o seu coração e gerado em você um sentimento positivo que te conecte com a sua verdadeira essência. Que você compreenda que, a cada pequeno passo, você inicia uma jornada profunda e transformadora. Que cada passo em direção à sua verdadeira essência seja um ato de liberdade, permitindo que você se torne a melhor versão de si mesmo(a), com coragem para abraçar toda a sua beleza, autenticidade e complexidade. Que seguir em frente seja sempre a sua melhor escolha, e que esse caminho te reconecte com esse lugar único e só seu.

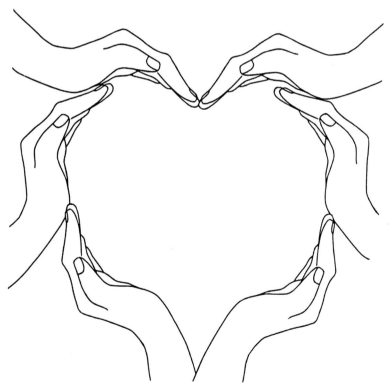

Boa jornada na busca do seu lugar chamado Eu!
Até breve!